中国地理知识问答

中国地图出版社　编著

中国地图出版社
·北京·

图书在版编目（CIP）数据

中国地理知识问答 / 中国地图出版社编著. -- 北京 : 中国地图出版社, 2025. 7. -- ISBN 978-7-5204-4991-5

Ⅰ. K92-44

中国国家版本馆 CIP 数据核字第 2025KH3664 号

ZHONGGUO DILI ZHISHI WENDA

中国地理知识问答

出版发行	中国地图出版社	邮政编码	100054
社　　址	北京市西城区白纸坊西街 3 号	网　　址	www.sinomaps.com
电　　话	010-83495213　83495131	经　　销	新华书店
印　　刷	保定市铭泰达印刷有限公司	印　　张	8
成品规格	170 mm×240 mm		
版　　次	2025 年 7 月第 1 版	印　　次	2025 年 10 月河北第 2 次印刷
定　　价	29.80 元		
书　　号	ISBN 978-7-5204-4991-5		
审 图 号	GS 京（2025）0258 号		

本书中国国界线系按照中国地图出版社 1989 年出版的 1∶400 万《中华人民共和国地形图》绘制。

目录

第一章　奇妙中国之旅

第二章　自然奥秘大揭晓

第三章　探寻自然资源

第四章　经济腾飞之路

第五章　北方地区

第六章 南方地区

第七章 西北地区

第八章 青藏地区

图 例

★ 首都	特别行政区界
⊙ 省级行政中心	运河
洲界	河流、湖泊
国界（未定）	时令河、时令湖
地区界	沼泽
军事分界线、停火线	沙漠
省级界	

第一章 奇妙中国之旅

001 为什么说中国的地理位置非常优越？

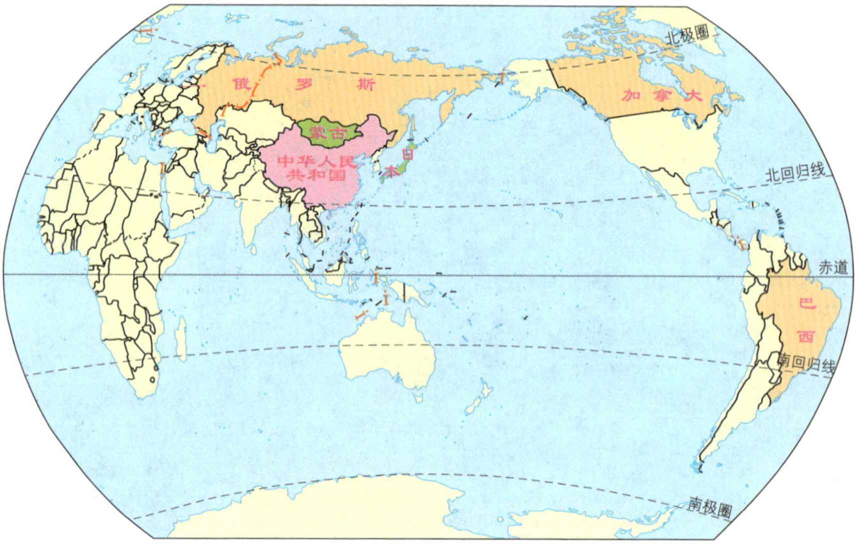

中国在世界的位置示意图

中国全称中华人民共和国。从纬度位置看，我国位于北半球，北回归线横穿南部，绝大部分领土在北温带，南部有一小部分在热带，没有寒带。从海陆位置看，我国有着漫长的海岸线，东面面向太平洋，西北伸入亚欧大陆，是一个海陆兼备的国家。我国地理位置的优越性体现在哪些方面呢？

首先，我国位于中纬度地区，拥有适宜人类生存的气候条件。与我国相比，俄罗斯、加拿大等国家纬度较高，气候寒冷；而巴西等国家则纬度较低，气候炎热。其次，我国地处亚欧大陆的东部，东临太平洋。这样海陆兼备的位置使得我国便于通过陆上交通和海上航运与世界各国进行交往。例如，在中俄、中哈边境展开的贸易和沿海港口运来的大量资源，都是这一优势的体现。

总之，我国这种海陆兼备的地理位置优势为经济发展提供了良好的条件。

002 中国领土的最东端和最西端在哪里？

我国国土辽阔，南北跨度大，东西距离长。那么，你知道我国领土的最东端和最西端分别在哪里吗？

我国领土东起黑龙江与乌苏里江主航道中心线的交汇处，西至新疆帕米尔高原，东西延伸 5200 多千米。黑龙江省抚远市作为我国最东端的城市，拥有“华夏东极”“东方第一城”“日出之城”等美誉。帕米尔高原位于中国、阿富汗和塔吉克斯坦三国交界处，是昆仑山、喀喇昆仑山、兴都库什山和天山等著名山脉交会而成的巨大山结，古丝绸之路也在此经过。这里群山林立，平均海拔为 4000 米，人烟稀少。

黑龙江、乌苏里江交汇处

帕米尔高原

我国领土东西跨经度 60° 以上，东西时差有 4 个多小时！所以，当最东端的乌苏里江江面上洒满了金色阳光时，最西端的帕米尔高原还是满天星斗；而当最东端夜幕降临时，最西端却还是烈日当空呢！我国国土如此辽阔，作为生活在这里的中国人，真是无比骄傲！

003 中国领土的最南端和最北端在哪里？

我国国土辽阔，不仅东西距离长，南北跨度也很大！想象一下，如果我们站在中国领土的最南端和最北端，会看到怎样的景象呢？

我国领土的最南端位于南沙群岛中的曾母暗沙。这里离我国大陆很远，距离海南省海口市约 1800 千米。由于靠近赤道，这里全年阳光充足，气温高，热带资源众多。曾母暗沙附近海域拥有丰富的油气资源，也是一个天然渔场，可以说是大自然赐予我们的一个“聚宝盆”！

我国领土的最北端在黑龙江省漠河市以北的黑龙江主航道中心线上。漠河市有“神州北极”和“不夜城”的美称。因为纬度高，这里是我国观赏北极光的最佳地点。

中国最北点

南海岛礁

从纬度上看，我国领土南北跨纬度近 50°，南北相距约 5500 千米！这使得我国从南到北呈现出丰富多样的自然景观。想象一下，当寒冷的冬季来临，南方的海南岛依然阳光灿烂，沙滩上的椰子树在暖阳中摇曳生姿，而遥远的北方漠河却是一副银装素裹的冬日景象。

这种有着巨大差异的南北景观，是中国独具特色的地理之美。我们作为生活在这片土地上的中国人，无论走到哪个角落，都能感受到祖国大好河山的魅力，真是无比自豪！

004 什么是祖国的“蓝色国土”？

我们的祖国是一个海陆兼备的国家，拥有 960 多万平方千米的陆地领土和 300 万平方千米的管辖海域，这些“蓝色国土”与陆地一样，都是我国领土不可分割的重要组成部分。

我国大陆濒临的海洋，从北到南，依次为渤海、黄海、东海和南海，台湾岛东岸直接濒临太平洋。按照国际法和《联合国海洋法公约》的有关规定，我国主张的管辖海域面积可达 300 万平方千米，接近陆地领土面积的 1/3。

祖国的“蓝色国土”拥有丰富的生物资源，煤、石油等化石能源，以及金属矿产资源等。

科学家预言，在 21 世纪，海洋将成为人类新的探索领域，因而 21 世纪也被誉为“海洋世纪”。我们要重视、保护好我们的海洋领土，维护祖国“蓝色国土”的安全。让我们一起为守护祖国的“蓝色国土”而努力，让海洋更美丽，让祖国更强大！

美丽的“蓝色国土”

005 什么是计划生育？

三孩政策

根据第七次全国人口普查结果，截至2020年11月1日零时，我国总人口为14.43亿。与第六次全国人口普查相比，增加7200多万人。

我国从20世纪70年代开始推行计划生育政策，1982年将之确定为基本国策，并写入《中华人民共和国宪法》。通过宣传普及节育知识、鼓励晚婚晚育和控制生育次数等方法，人口过快增长得到有效控制，人口素质明显提高，促进了经济发展和社会进步。

党的十八大以来，根据我国人口发展变化趋势，党中央、国务院审时度势先后作出单独两孩、全面两孩等重大决策部署，取得了积极成效。后来，党中央、国务院立足国情，遵循规律，实施一对夫妻可以生育三个子女的政策及配套支持措施，以保持人口的合理增长。

总的来说，计划生育政策在控制人口增长、优化人口结构等方面取得了很好的效果。当前，我国正处于人口大国向人力资本强国转变的重大战略机遇期，人口问题复杂多变，应深化人口中长期发展战略和人口发展规划研究，促进人口长期均衡发展。

006 “胡焕庸线”在哪里？

“胡焕庸线”是连接黑龙江黑河到云南腾冲的一条直线。这条线是由中国著名地理学家胡焕庸先生于 1935 年首次提出的。你可能会好奇这条线有什么特别之处，让我们继续往下看吧！

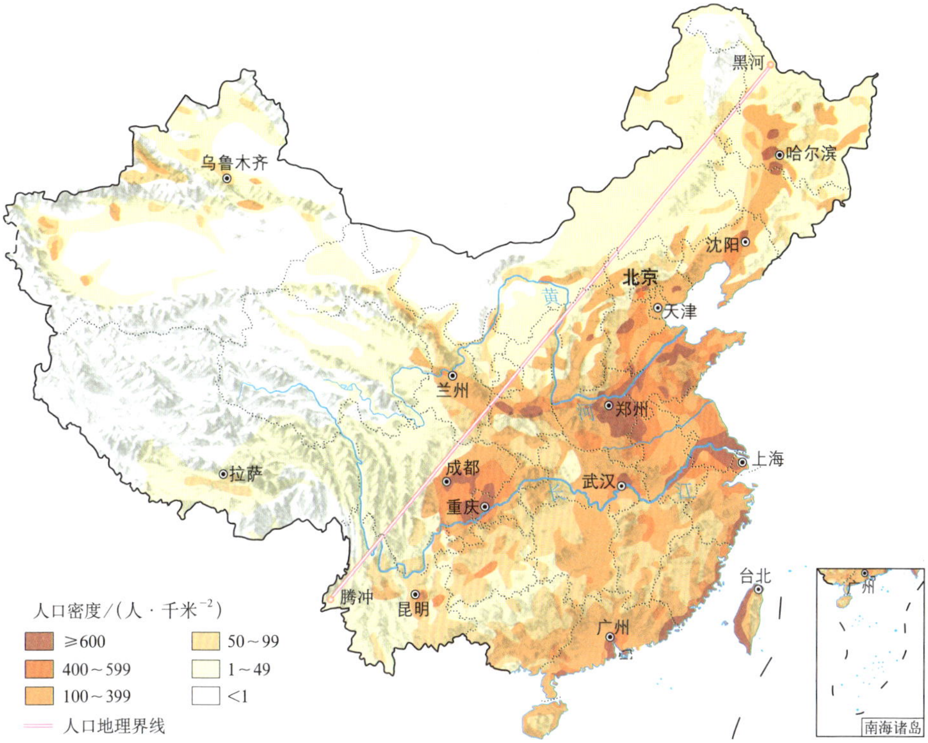

中国人口密度分布图

这条线不是一条普通的线。这条线的东南侧，面积约占中国土地总面积的 43%，生活着中国 94% 的人口；而这条线的西北侧，面积占中国土地总面积的 57%，人口却只占中国总人口的 6%。你是不是觉得很神奇呢？

要了解“胡焕庸线”为什么会这样分布，我们需要从地理角度来探讨。此线东南侧地势较低，地形以平原、丘陵为主，气候温暖湿润。这里农业发达，物产丰饶，水网密布，适宜人类居住，所以人口密度较高。而此线西北侧则多分布高原、山地等地形，气候条件相对恶劣，不利于人类居住，因此人口密度较低。

当然，“胡焕庸线”也在不断地变化。随着资源开发、交通运输等条件的改善，这条线两侧的人口分布也在悄悄改变。比如，随着新疆的石油、天然气资源陆续被发现和开发，越来越多的人前往西部地区工作和生活。但总体来说，“胡焕庸线”仍然是一条相对明显的人口地理界线。

“胡焕庸线”让我们认识到地理环境对人口分布的影响。在现实生活中，我们还能找到很多类似的例子。比如，巴西的东部沿海地区人口密集，而西部亚马孙平原地区则人口稀少；美国的东部沿海地区也比内陆地区人口更为密集。

007 中国哪里人口最密集？哪里人口最稀疏？

你知道吗，我国人口有14亿多！那你知道我国哪里人口最密集，哪里人口最稀疏吗？

上海风光

首先，了解一下什么是“人口密度”。人口密度就是在单位面积的土地上居住的人口数。通常用“人/平方千米”来表示。这个数值越大，说明人越多，越密集；数值越小，说明人越少，越稀疏。

西藏风光

根据第七次全国人口普查公报，我国大陆31个省级行政区域中，广东省人口最多，约1.26亿人；人口最密集的是上海市，约3923人/平方千米。如果算上香港特别行政区、澳门特别行政区和台湾省，那么人口最密集的就是澳门特别行政区了，其人口密度突破20000人/平方千米。这些人口密集的地方基本上都位于我国沿海地区，沿海地区经济发达、地理位置优越，是我国的经济、工业和贸易中心，吸引了大量的人口前来就业和居住。

我国人口最稀疏的省级行政区域是西藏自治区。西藏自治区位于“世界屋脊”——青藏高原上，由于海拔高、气候寒冷等自然条件的限制，这里的人口相对稀疏。据第七次全国人口普查公报，西藏自治区的人口密度仅约 3 人 / 平方千米。此外，青海省（人口密度约 8 人 / 平方千米）、新疆维吾尔自治区（人口密度约 15.5 人 / 平方千米）和内蒙古自治区（人口密度约 20 人 / 平方千米）等地，人口分布也相对稀疏，这些地方拥有大片的沙漠、高原和山地，自然环境比较恶劣、经济发展相对滞后，不利于人类居住和农业发展。

不同地区人口分布的特点，正是地理、历史、文化、经济等多种因素共同作用的结果。

008 中国少数民族中的世界级非遗知多少？

我们伟大的祖国共有 56 个民族，这些民族组成了统一和谐的中华民族大家庭。在这个大家庭里，许多少数民族的文化表现形式被联合国教科文组织列入非物质文化遗产名录（名册）。让我们一起去探索这些独特的文化宝藏吧！

藏戏

藏戏是中国藏族人民独有的、戴着面具以歌舞形式演故事的藏族戏剧，内容大多是佛经中惩恶扬善的神话传说。藏戏原来流传于民间，由艺人口传心授在广场或寺院中演出，后来建立了专业剧团，出现了舞台演出形式，这两种演出形式都深受藏族群众认可和喜爱。藏戏传承了藏族文化，反映了藏族人民的生活面貌和思想感情，是他们文化生活的重要组成部分。

新疆维吾尔木卡姆艺术，是流传于中国新疆维吾尔族聚居区的各种木卡姆的总称，是集歌、舞、乐于一体的大型综合艺术形式。新疆自古以来就是多民族聚居之地。新疆维吾尔木卡姆有着漫长的形成和发展历史，其歌唱内容不乏哲人箴言、文人诗作、民间故事等，是反映维吾尔族人民生活和社会风貌的百科全书。

中国朝鲜族农乐舞

中国朝鲜族农乐舞是集演奏、演唱、舞蹈于一体，反映传统农耕生产生活中祭祀祈福、欢庆丰收的民间表演艺术。舞蹈具有淳朴、粗犷、和谐的特征，场面热烈奔放，民族特色鲜明。

蒙古族长调民歌是一种独特的歌唱形式，以其悠扬的旋律和深情的歌词而闻名。长调民歌的歌词既有对大自然的赞美，又有对生活的感慨，还有对英雄的歌颂。长调民歌是蒙古族人民的生活写照，也是他们的文化瑰宝。

这些独特的文化表现形式，不仅是中华民族的瑰宝，也是全人类共同的文化遗产。

009 中国的民族分布特点是怎样的？

汉族人口遍布全国各地，少数民族人口主要分布在西南、西北和东北地区。“大散居、小聚居、交错杂居”是我国民族分布的显著特点。让我们一起来探索这种神奇的现象吧！

1. 大散居

大散居指的是各民族广泛地分布在全国各地。这种分布格局是在长期历史进程中各民族相互交往、沟通而形成的。

2. 小聚居

小聚居是指少数民族在某些地区集中居住。在这些地区，少数

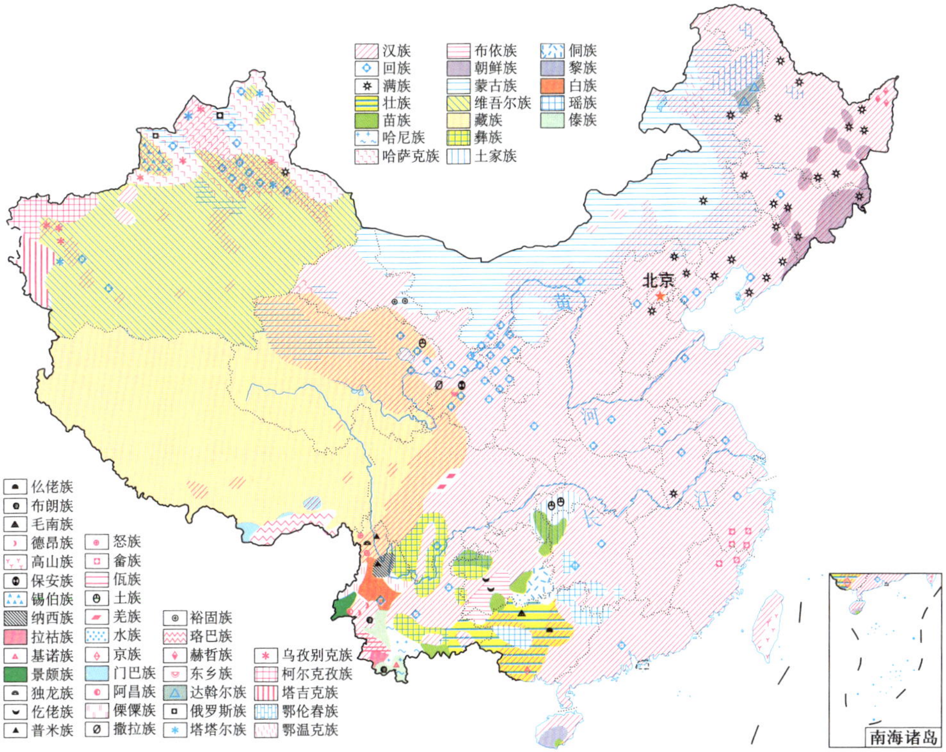

中国民族分布图

民族保留了自身的文化，吸引了许多游客来此体验。比如，西藏的藏族、新疆的维吾尔族等，都有自己独特的生活方式和文化传统。

3. 交错杂居

交错杂居是指不同民族在同一地区共同生活，少数民族聚居区内有汉族居住，汉族聚居区内也有少数民族居住。各民族在同一地区互相学习、交流、融合，形成了丰富多彩的地域文化。例如，云南是我国少数民族种类最多的省区，其中人口超过 6000 人的世居少数民族有 25 个，各民族间的互动和交融使得云南成为一个充满魅力的文化大观园。

“大散居、小聚居、交错杂居”，塑造了中国复杂且丰富的民族格局。我们要尊重各民族的风俗习惯。各民族之间应和睦相处。

第二章 自然奥秘大揭晓

010 中国的三级大“台阶”是如何分布的？

三级大“台阶”是中国地势的一个奇妙呈现。这三级大“台阶”从西部的高山向东部的低洼地带依次降低。让我们一起来探索这种神奇的自然景观吧！

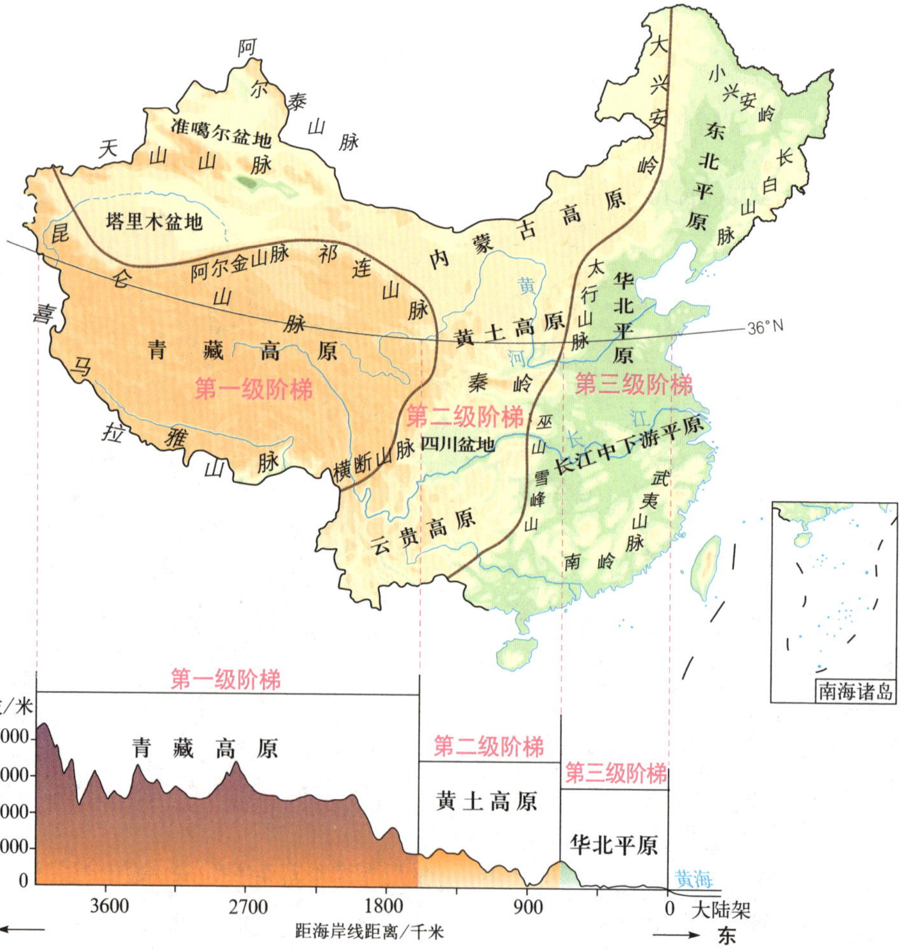

中国地势三级阶梯分布示意图

第一级阶梯是中国地势最高的部分，约占中国总面积的 1/4，平均海拔在 4000 米以上，四周被高大的山脉所环绕——北边是昆仑山脉、阿尔金山脉和祁连山脉，东南边是横断山脉，南侧是绵延不绝的喜马拉雅山脉。世界最高峰珠穆朗玛峰就位于这级阶梯上。

第二级阶梯的高度介于第一级阶梯和第三级阶梯之间，海拔为 1000~2000 米，包括内蒙古高原、黄土高原、云贵高原、塔里木盆地、准噶尔盆地和四川盆地等地形区。这里山地、高原、盆地相间分布，是中国地形类型最丰富的一级阶梯。这里拥有众多风景名胜，如九寨沟风景区 、黄果树瀑布等。

第三级阶梯是中国地势最低的部分，包括东部沿海的广大平原和丘陵地带。这里海拔多在 500 米以下，河流密集，土地肥沃，适合发展农业。东北平原、华北平原和长江中下游平原是中国的主要粮食产区。

第一级、第二级阶梯的分界线为昆仑山脉—阿尔金山脉—祁连山脉—横断山脉；第二级、第三级阶梯的分界线为大兴安岭—太行山脉—巫山—雪峰山。

三级阶梯状的地势分布不仅增加了我国气候的复杂性，还对自然环境和资源分布产生了显著的影响，进而对中国的经济发展产生了深远的影响。

011 中国四大盆地知多少？

盆地指四周高、中间低的地形区。我国有四个著名的盆地，它们分别在哪里呢？让我们一起揭开这四个盆地的神秘面纱，探索它们的奥秘吧！

1. 四川盆地：美食与熊猫的乐园

四川盆地位于中国西南部，包括四川省东部和重庆市西部地区。这里有美丽的自然风光，还有许多可口的美食。在这里，你可以品尝到辣味十足的四川火锅和麻辣串串。另外，这里还是中国国宝大熊猫的故乡。

四川盆地

2. 塔里木盆地：演绎生命的奇迹

塔里木盆地位于中国新疆维吾尔自治区南部，是我国面积最大的盆地。这里有中国最大的沙漠——塔克拉玛干沙漠。尽管这里的生存条件非常恶劣，但许多生命依然在这片荒芜的土地上顽强地生存着。比如胡杨树，它们在干旱的沙漠中顽强地生长，成为塔里木盆地的生命奇迹。

塔里木盆地

3. 柴达木盆地：高原上的“聚宝盆”

柴达木盆地位于青海省西北部，是一个被昆仑山、阿尔金山、祁连山等山脉环抱的封闭盆地。这里有许多美丽的盐湖，比如大柴旦翡翠湖、察尔汗盐湖，它们闪耀着绿色的光芒，成为柴达木盆地亮丽的风景线。柴达木盆地不仅是盐的世界，还有丰富的石油、煤，以及多种金属矿藏，因此柴达木盆地有“聚宝盆”的美称。

柴达木盆地

4. 准噶尔盆地：草原与沙漠的交融

准噶尔盆地位于中国新疆维吾尔自治区北部，是中国第二大内陆盆地，位于阿尔泰山脉与天山山脉之间。这里既有广袤的草原，也有大片的雅丹地貌等。草原上，牛羊成群，呈现出一幅生动的牧歌画卷。而雅丹地貌则展示了准噶尔盆地的另一面——大风、干燥的特征。这片土地上生活着勤劳勇敢的哈萨克族、蒙古族等民族，他们热情好客，擅长歌舞，这里的草原歌舞成为生活在准噶尔盆地上的人们生活中不可或缺的一部分。

准噶尔盆地

中国四大盆地各具特色，它们就像四个神秘的“大碗”，各自盛满了美丽的风景和独特的文化。如果你有时间，不妨踏上旅途，亲自去探寻这些神奇“大碗”的美丽与奥秘吧！

012 中国的三大平原在哪里?

平原一般指海拔小于 200 米的宽广低平地区。我国有三大平原，分别是东北平原、华北平原和长江中下游平原。接下来，让我们一起走进这三大平原，探寻它们的奥秘吧!

东北平原

第一大平原是东北平原。它的西、北、东三面分别为大兴安岭、小兴安岭和长白山脉，包括辽宁、吉林、黑龙江三省和内蒙古自治区的一部分。这里农业非常发达，盛产大豆、玉米和水稻等粮食作物。另外，这里还富含煤炭、钢铁等资源，为我国的经济发展提供了强大的支持。

华北平原

第二大平原是华北平原。它主要由黄河、淮河、海河三大河流冲积而成，包括北京、天津、山东、河北、河南等省区。这片平原南接淮河，北邻燕山，东临渤海和黄海，西邻太行山。这里物产丰富，小麦和玉米是主要的农作物，煤炭、钢铁等资源的蕴藏量也非常可观。

第三大平原是长江中下游平原。它西起巫山，东抵海滨，主要由长江及其支流冲积而成，包括江苏、江西、上海、安徽、湖南、湖北等省区的绝大部分。这片土地盛产水稻、棉花和油菜等农作物。同时，这里还是我国重要的工业基地。

长江中下游平原

我国除三大平原之外，还零星分布着一些面积较小的平原，如四川盆地中的成都平原、广东的珠江三角洲、台湾岛西部的平原等。平原地区是我国主要的农业区，也是我国人口稠密、城镇集中、经济繁荣的地区。

013 中国的四大高原在哪里？

我国高原面积广阔，著名的高原有内蒙古高原、黄土高原、云贵高原和青藏高原，它们都有着各自独特的自然风光。

内蒙古高原

内蒙古高原位于中国的北部，地势较高，海拔为 1000~1500 米。它位于大兴安岭以西，向西延伸到祁连山麓，地表景观多样，东部有大片的草原，西部有大片的沙漠。内蒙古高原是中国北方主要的畜牧业基地之一，以养殖牛羊为主，同时也是中国煤炭的主产区。

黄土高原

黄土高原西起祁连山脉东端，东到太行山麓，北以古长城为界、与内蒙古高原相邻，南到秦岭。它因覆盖着厚厚的黄土而得名。这里是世界上面积最大的黄土分布区。黄土高原土质疏松，地形破碎，多为塬、梁、峁及沟壑地形，水土流失严重。但经过多年综合治理，这里的水土流失目前已得到一定程度的控制。

云贵高原

云贵高原位于中国的西南部，包括云南东部和贵州大部分地区。该高原上石灰岩分布广泛，石灰岩被流水不断地溶解侵蚀，形成石芽、石林、天坑、地下河等喀斯特地貌。云贵高原也是中国生物多样性最为丰富的地区之一。

青藏高原

青藏高原，位于中国西南部，是全球海拔最高的高原，平均海拔超过4000米，被称为“世界屋脊”。青藏高原边缘和内部分布着一系列雄伟的山脉，高山上雪峰连绵、冰川广布，山脉之间高原起伏平缓。青藏高原有着丰富的地热资源，如著名的羊八井地热发电站就是世界上海拔最高的地热发电站，它为拉萨提供了源源不断的电力资源。

014 中国为什么是一个多山之国？

中国是一个多山之国，山地约占全国总面积的 33%，高原约占 26%，丘陵约占 10%。如果按人们的习惯，把山地、丘陵连同比较崎岖的高原统称为山区，那我国山区面积约占全国总面积的 2/3。

中国位于亚洲东部，地势西高东低。在西部，你可以看到海拔超过 8000 米的高峰，如珠穆朗玛峰和乔戈里峰。这些高峰冷峻威严，屹立在世界屋脊上。在东部，你可以看到广阔的平原和丘陵，这些地方是中国的主要农业区。

黄山美景

中国的山地不仅是自然景观，还是重要的资源宝库。例如，黄山的美景吸引了无数游客，同时黄山也是许多珍稀动植物的家园。此外，中国的矿产资源和水能资源也大部分集中在山地或山地与平原交界处。

众多的山脉组成我国地形的骨架，其间镶嵌着其他地形单元。每一座山都有它的故事，等待我们去探索和发现。

015 什么是山脉的走向？

山脉是地球上最壮观的自然景观之一，为我们的世界增色不少。那你知道什么是山脉的走向吗？

就像我们行走时有前进的方向一样，山脉的走向指的是它们延伸的主要方向。这个方向很重要，因为它可以帮助我们了解山脉的形成过程。

想象一下，地球表面的陆地像一块巨大的拼图，各个“拼块”在地球的内力作用下不断移动，地理学家称这些“拼块”为板块。当这些板块相互碰撞时，有的地方就会形成山脉。

了解山脉的走向可以帮助我们更好地理解地球表面的变化，有助于预测地震、滑坡等自然灾害，甚至有助于我们了解古生物的迁徙和演化。

中国山脉走向分布示意图

016 中国有哪些岛屿？

当我们谈论祖国的辽阔领土时，不仅要关注陆地，还要关注海洋。祖国美丽的海洋中遍布着1.1万余座大小不一的岛屿！这些岛屿宛如繁星点缀在大海上，为大海增添了无限生机。

在这些璀璨的“繁星”中，台湾岛独占鳌头，面积约3.578万平方千米，是中国的第一大岛。有趣的是，台湾岛曾经与大陆相连，后来因为地壳断裂陷落，形成了台湾海峡，台湾岛与大陆分离开来，变成了一座孤立的岛屿。台湾岛是一座典型的基岩岛。

再来看看中国最大的冲积岛。你知道冲积岛是怎么形成的吗？当河流带着泥沙流入海洋时，随着流速减慢，泥沙会在入海口附近堆积起来，长年累月最终形成了岛屿。崇明岛正是长江挟带泥沙在入海口形成的冲积岛。

接下来，我们再去看看南海的东沙群岛、中沙群岛、西沙群岛和南沙群岛。这些岛屿都是珊瑚礁岛，是造礁珊瑚的神奇之作！科学家发现，自中新世以来，南海海底的火山喷发形成了一系列出露海面的火山礁。随后，造礁珊瑚在这些火山礁周围生长，最终塑造了如今的南海诸岛。

台湾岛风光

崇明岛风光

每一座岛屿都是一颗镶嵌在大海上的明珠，闪烁着迷人的光芒。它们既是祖国领土的重要组成部分，也是大自然精心雕琢的作品。让我们共同珍爱和保护这些美丽的岛屿，让它们永远熠熠生辉！

017 中国大陆海拔最高和海拔最低的地方在哪里？

中国是一个拥有广袤领土的国家，拥有高山、平原、盆地等多种地形。不同地形的海拔也不同。那你知道中国大陆海拔最高和最低的地方分别在哪里吗？

中国大陆海拔最高的地方是珠穆朗玛峰，海拔为 8848.86 米，也是世界上海拔最高的山峰。珠穆朗玛峰是喜马拉雅山脉的主峰，其峰顶被白雪覆盖着。该峰是登山爱好者向往的圣地。

珠穆朗玛峰

中国大陆海拔最低的地方位于新疆吐鲁番盆地的艾丁湖，海拔 -154.31 米，湖区气候极度干旱，地形复杂。吐鲁番盆地呈环状结构，周围众山环绕，中部地势低洼。盆地内农业依靠坎儿井进行灌溉，这里盛产葡萄等农产品，是中国的葡萄之乡，也是世界上著名的古丝绸之路的重要驿站之一。

艾丁湖

我国海拔最高和最低的地方，一个位于高山之巅，一个位于盆地之中，它们的存在让我们更加深刻地认识到中国地形的多样性和复杂性。

018 为什么吐鲁番的葡萄特别甜？

你有没有吃过吐鲁番的葡萄？这里的葡萄味道特别甜。为什么吐鲁番的葡萄会这么甜呢？让我们一起揭开吐鲁番葡萄特别甜的秘密吧！

吐鲁番的葡萄

吐鲁番位于新疆中东部，是典型的内陆干旱气候区。吐鲁番拥有充足的阳光，日照时间长。在阳光充足的地区，植物的光合作用更加旺盛，而光合作用的产物除了氧气还有糖类。因此，这里的葡萄中的糖分得以大量积累，这就是吐鲁番葡萄特别甜的原因之一。

此外，吐鲁番地区昼夜温差较大，这对葡萄的生长也非常有利。白天，阳光充足，气温较高；到了晚上，气温骤降。这种昼夜温差条件有利于葡萄中糖分的积累，让葡萄更加美味可口。

除了优越的气候条件，吐鲁番地区还拥有独特的地下水资源。

这里的地下水来自天山山脉的冰雪融水，人们通过坎儿井进行灌溉。这些水经过长时间的地下流动，水质纯净、矿物质丰富。葡萄根部吸收这些地下水，使得葡萄营养丰富。

当地人的种植技术也是一个不可忽视的因素。当地的农民精心培育葡萄，通过搭建葡萄架、修剪枝叶等方式，让葡萄更好地接受阳光的照射。在这些因素的共同作用下，吐鲁番葡萄成为一种美味的水果，吸引着无数食客前来品尝。

在吐鲁番，葡萄不仅是一种水果，还是当地人们日常生活的重要组成部分。当地人用葡萄酿制葡萄酒、晾晒葡萄干、制作葡萄糖浆等，这些都充满了浓郁的地方风味。这些美食的制作过程也是文化传承的一种重要方式。

019 中国的“雨极”在哪里？

你知道我国台湾的火烧寮吗？它是我国降水量最多的地方。火烧寮位于台湾岛东北角，被誉为中国的“雨极”，年平均降水量高达6558毫米。那么，它为什么会成为中国的“雨极”呢？

首先，火烧寮位于太平洋西北部，地处热带季风气候和亚热带季风气候的过渡地带。这里的气候特点是潮湿、炎热，常年有充足的水汽，空气湿度较大，有利于成云致雨。

火烧寮

其次，火烧寮处于东南季风的迎风坡，降水较多。东南季风是指夏季从太平洋吹向中国东部沿海地区的一种盛行风。由于东南季风吹来的空气中含有大量水汽，潮湿的空气遇到迎风坡时，受到地形阻挡，会顺势爬升，其中的水汽就会在一定高度凝结成雨并落下。火烧寮正好位于台湾岛东北部的山地迎风坡上，地形起伏和海拔变化造成了不同的气温和气压，进而形成了强劲的上升气流，这也大大增加了该地区的降水量。

火烧寮充沛的降水不仅给这里带来了多样的生物和美丽的风景，也对台湾的农业生产起到了重要的作用。不过，也正因为降水太多，火烧寮经常会遭遇洪水、山体滑坡等自然灾害，政府和居民都需要采取一系列的措施来应对这些自然灾害。

020 为什么说“瑞雪兆丰年”？

“瑞雪兆丰年”的意思是冬天下大雪是一种好兆头，预示着来年会有一个丰收的好年景。那大雪和丰收有什么关系呢？让我们一起探究一下这个有趣的问题。

瑞雪兆丰年

首先，雪可以起到保温作用。冬天的气温低，雪不容易融化，可以盖在土壤上，防止土壤中的水分蒸发，让土壤更加湿润，为来年春天的播种创造更好的环境。此外，雪层质地较为松软，里面藏了很多空气。空气导热性较差，所以可以起到保温作用，保护农作物，使之免受冻害。

其次，雪可以帮助大气中的氮化物进入土壤。虽然雪中的氮化物含量并不算丰富，但雪能将大气中的氮化物带到土壤中，为农作物的生长提供一定的氮肥，促进农作物生长，增加农作物产量。

最后，积雪融化的时候，需要从土壤中吸收大量热能。这时，土壤温度会降低，可以冻死害虫和病菌，防止它们危害农作物。这就为人们提供了一个天然的害虫防治方法，保证了农作物的健康生长。

综上所述，冬天的降雪对于来年丰收具有积极的影响。雪可以起到保温、增加土壤水分和养分、防治害虫和病菌等作用，为农作物的生长提供了良好的环境。

021 为何中国各地降水差异这么大?

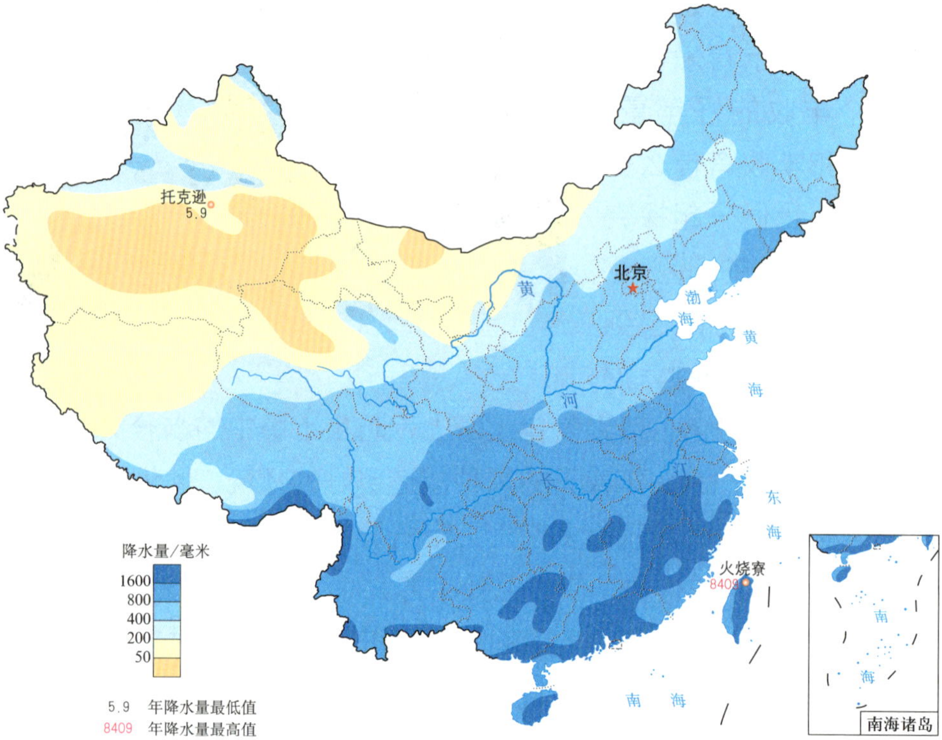

中国年降水量分布图

从总体上看,我国降水的空间分布和时间分配都很不均匀。那么,到底是什么原因导致了这种现象呢?

首先,纬度因素是影响中国各地降水差异的重要因素之一。大体上,随着纬度的升高,太阳辐射的强度逐渐减弱,太阳辐射的时间逐渐减少,气温逐渐降低,水汽含量逐渐减少,降水也就随之减少。

其次,海陆分布也是影响中国各地降水差异的重要因素之一。中国地处亚洲东部,自东向西距离海洋越来越远,东部以季风气候为主，气候的海洋性明显；而西部深居内陆，气候的大陆性更为显著。夏季，来自太平洋和印度洋的夏季风为受季风影响明显的地区带来丰沛的降水；而冬季，来自蒙古—西伯利亚的干冷气流占主导地位，降水量则大幅减少。比如，长江中下游平原夏季受到来自太平洋的水汽的影响，雨水充沛；而塔里木盆地则受内陆干旱气团的影响，雨水相对较少。

最后，地形、地势因素也对中国各地降水差异产生了重要影响。中国西高东低的地势，有利于夏季风将海洋上的湿润空气送入内陆，供给内陆大量水汽。

综上所述，中国各地的降水差异是由纬度、季风、海陆分布和地形、地势等多种因素共同作用而形成的。

022 季风是什么？

季风是一种特殊的风，它的风向随季节有显著变化。每到夏季，陆地受到阳光的强烈照射，温度升高，热空气上升形成低压区。而海洋比热容大，吸收热量较慢，温度较陆地偏低，形成高压区。高压区的冷空气流向低压区，形成了从海洋吹向陆地的夏季风。夏季风为陆地带来充沛的降水，给土地带来生机。但有时也会造成台风，给人们的日常生活带来不利影响。

到了冬季，情况就完全相反了。陆地接收到的太阳辐射较少，温度较低，形成高压区；海洋的比热容大，气温下降较陆地慢，温

影响中国的冬季风示意图

影响中国的夏季风示意图

度相对较高，形成低压区。这时，气流从高压区流向低压区，形成了从陆地吹向海洋的冬季风。冬季风所经之地，温度下降，空气干燥，有时还会形成寒潮等灾害性天气。

季风对人们的生产生活有着重要的影响。6 月，雨带在长江中下游地区徘徊一个月左右，阴雨连绵，此时正值梅子成熟的季节，所

以称为梅雨季节。而在 7、8 月，随着雨带推移到华北、东北等地，长江中下游地区则会形成温度很高、降水较少的伏旱天气，人们为躲避高温的炙烤，只想躲进空调屋。

这就是季风，一种神奇的自然现象。

023 什么叫“一山有四季，十里不同天”？

“一山有四季，十里不同天”是对气候垂直地带性的生动描述。气候垂直地带性是指在高山地区，随着海拔的升高，气候类型发生明显变化，且有大体上与等高线相平行的带状分布特点。这种现象就像我们从山脚到山顶乘坐魔法电梯，在短短的时间里，就可以感受不同的气候特征，看到不同的景观。

横断山脉

横断山脉位于我国四川和云南西部及西藏东部，是一系列呈南北走向的山脉的总称。横断山脉大部分海拔在 4000~5200 米，最高峰贡嘎山海拔 7556 米。这里由于海拔差异巨大，气候的垂直地带性特点非常明显。从山麓到山顶，植被类型通常呈现出热带季雨林—常绿阔叶林—落叶阔叶林—亚寒带针叶林—高山草甸的变化。

乞力马扎罗山位于坦桑尼亚，其最高峰——基博峰海拔 5895 米，是非洲最高峰。从山麓到山顶，随着海拔逐渐上升，你可以依次见到热带雨林、疏林草原、常绿阔叶林、落叶阔叶林、高山草甸、高寒荒漠等不同的植被类型，还会在山顶看到终年不化的积雪。这种景观的垂直地带性变化令人惊奇，使得乞力马扎罗山成为登山爱好者向往的地方。

乞力马扎罗山

山区的地形复杂，导致风速、日照和湿度等气象要素的分布存在巨大差异。所以，即使相距不远的地方，天气也可能大相径庭。

通过以上介绍，你可能对“一山有四季，十里不同天”有了较深刻的认识。其实地理知识并不枯燥，还充满了奇妙的魅力。所以，在学习地理知识的过程中，我们要保持好奇心，去发现这个世界的无穷乐趣。

024 为什么说长江以南地区是“回归沙漠带上的绿洲”？

回归沙漠带是指位于北回归线和南回归线之间，主要分布在非洲、亚洲和澳大利亚的沙漠地带。这些地区阳光充足、气候干燥，植被覆盖率较低，土地荒漠化严重。比如，沙漠广布的阿拉伯半岛就是典型例子。我国长江以南地区位于北回归线附近，从纬度位置上看，它也应该是一片干燥的沙漠地带。然而事实恰恰相反，长江以南地区却是一片绿树成荫、水域众多的绿洲。这是为什么呢？

阿拉伯半岛

这与长江以南地区特殊的地理环境有关。每年夏季，夏季风从海洋挟带丰富的水汽而来，给长江以南地区带来充沛的降水。同时，这里土壤肥沃，地势低平，河流密布，为发展农业生产提供了得天独厚的条件。人们因地制宜驯化出众多农作物品种，如水稻、油菜、甘蔗、茶叶等。长江以南地区不仅是中国的鱼米之乡，还是世界上

鄱阳湖

水稻种植密度较大的地区之一。

正是这些特殊的地理条件，使得长江以南地区如同绿宝石般闪耀在回归沙漠带上。这里既有美丽的自然风光，如三峡、张家界、黄山等，也有丰富的人文景观，如苏州园林、杭州西湖等。这些独特的景观吸引了无数游客前来欣赏，使长江以南地区成为中国最具魅力的旅游胜地之一。

025 大江为何东流？

你知道中国的大江为什么大部分都是向东流入大海吗？今天我们就一起来探讨大江东流背后的奥秘！

一方面，液体具有流动性，所以在重力的作用下，水自然会向低处流动。另一方面，我国地势西高东低，呈三级阶梯状分布。因此，在重力的作用下，水流顺着地势，从地势较高的西部向地势低平的东部流动，中国的大江就纷纷向东流淌了。

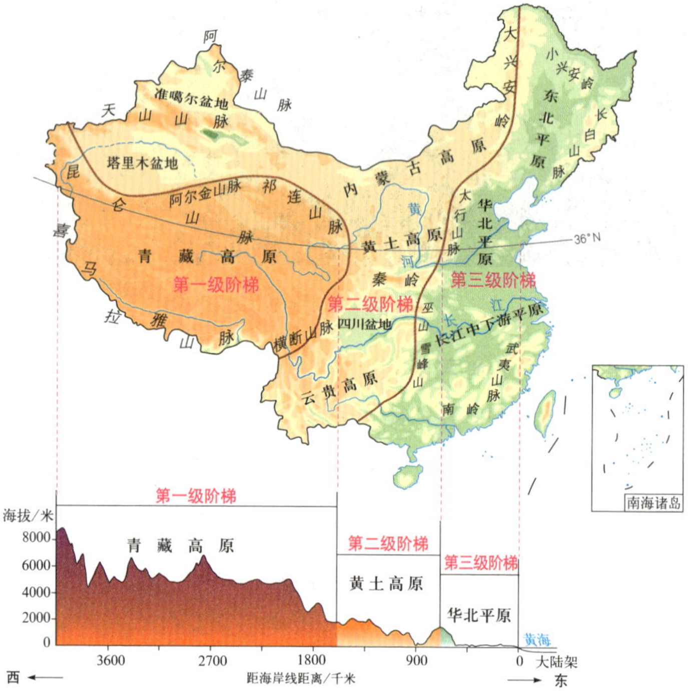

中国地势三级阶梯示意图

不过，并不是所有的大江都向东流，河流的流向取决于地势情况。发源于青藏高原的雅鲁藏布江、怒江、澜沧江等，则曲折南流，因为水总是在重力的作用下向最低的地方流淌。

大江东流这个有趣的地理问题揭示了重力和地势对河流流向的影响。学习地理知识，就像一场奇妙的探险，让我们带着好奇心，一起去发现这个世界的无限神奇吧！

026 长江究竟有多长？

长江源

作为中国最长的河流，长江被誉为“母亲河”，它像一条生命之线横穿祖国大地。那么，长江究竟有多长呢？

要回答这个问题，还得从长江的源头说起。长江发源于青藏高原的唐古拉山脉，有当曲、楚玛尔河、沱沱河三源，其从青藏高原出发，流经青海、西藏、四川、云南、重庆、湖北、湖南、江西、安徽、江苏和上海 11 个省级行政区域，最后注入东海。在这漫长的旅程中，长江接纳了嘉陵江、湘江、汉江、赣江等众多支流，形成了庞大的水网。

长江全长约 6300 千米，仅次于尼罗河和亚马孙河，长度位居世界第三。长江是我国巨大的“水能宝库”，水能资源蕴藏量占全国的 1/3，其中可开发利用的水能资源约占全国的一半。

长江作为我们的“母亲河”，孕育了中华民族灿烂的文明。我们应该保护好我们的“母亲河”，让它发挥更大的价值。

027 “九曲回肠”指的是哪里？

荆江

长江的荆江河段被称作“九曲回肠”。这与长江流经此区域的地形有密切关系。

长江的湖北枝城到湖南城陵矶河段被称为荆江。荆江是长江出三峡后的第一个江段，北岸为江汉平原，南岸为洞庭湖平原，两岸地势低平。这样的地形导致荆江水流不畅，江面展宽，河道摇摆不定，蜿蜒曲折，人们把这一现象称为“九曲回肠”。

首先，这种现象与本区自然环境密切相关。以藕池镇为界，荆江分为上荆江和下荆江。上荆江河道微弯，河道相对固定。下荆江则曲流发育，是我国河曲地貌最发达的河段之一。

其次，人类活动也对此现象产生了一定影响。沿江堤防堵塞了荆江的分流穴口，增大了流量，促进了河湾的发展。

荆江这种“九曲回肠”现象给人们的日常生活带来了不利影响。水流不畅容易在暴雨多发时节引发洪水，给两岸的农田、村庄带来威胁。为了抵御洪水，历史上荆江两岸的人民修筑了“伏洪长城”——防洪大堤和堤边的防浪林带。

现在，你知道荆江“九曲回肠”的秘密了吧！下次你在荆江边欣赏美景时，不妨想一想这段河流背后的奇妙故事。

028 为什么说黄河是中华民族的“母亲河”？

黄河

黄河发源于青藏高原的巴颜喀拉山脉，流经 9 个省级行政区域，最后注入渤海。黄河全长约 5464 千米，是中国的第二长河，流域总面积约 79.5 万平方千米。黄河为什么同长江一样，也被称为中华民族的“母亲河”呢？原因有以下几点。

1. 黄河流域是中华文明的发祥地：黄河孕育了两岸光辉灿烂的文化，培养了炎黄子孙坚韧不拔的性格。黄河就像母亲一样，哺育了这片土地上的生命。

2. 黄河为农业生产提供了肥沃的土壤：黄河带来的泥沙形成了土质肥沃的河漫滩，这里的土地适合种植小麦、玉米等作物。

3. 河水灌溉助力农业生产：黄河在流经上游宁夏、内蒙古境内时，塑造了富饶的宁夏平原和河套平原。在 2000 多年前，宁夏平原的人民就揭开了引黄灌溉的序幕。现在的黄河两岸也修建了许多引黄工程。

4. 人与自然共生：长期以来，黄河流域就存在洪水威胁、泥沙淤积等问题。人们在应对这些问题时学会了与黄河共处，修建了众多水利工程，如引黄工程等。这种人与自然和谐共生的智慧，也是“母亲河”赋予我们的宝贵财富。

我们不难发现，黄河对中华民族的形成和发展有着重要的影响。她哺育了生命，提供了资源，更传承了文明。

029 “地上河”说的是哪条河？

黄河是中国的第二长河，也是世界上的著名河流。但你知道吗，黄河在下游平原地区还有一个别名，叫作“地上河”！这是因为黄河中游流经水土流失严重的黄土高原时，沿途有大量泥沙输入，而进入下游时河道变宽，河床坡度变缓，水流速度减慢，河水挟带的泥沙就沉积下来，导致河床逐渐抬高，为了防止洪水灾害，人们不断加高河堤，年复一年就形成了“地上河”。

另外，人类活动也是导致黄河下游河段变成“地上河”的重要因素。人们在黄河流域开垦荒地、修建水利工程等，这在一定程度上加剧了水土流失，从而加速了黄河下游河段成为“地上河”。

我们需要认真对待生态环境问题，采取有效的措施，保护我们的“母亲河”——黄河，保护它就是保护我们的家园和我们自己。

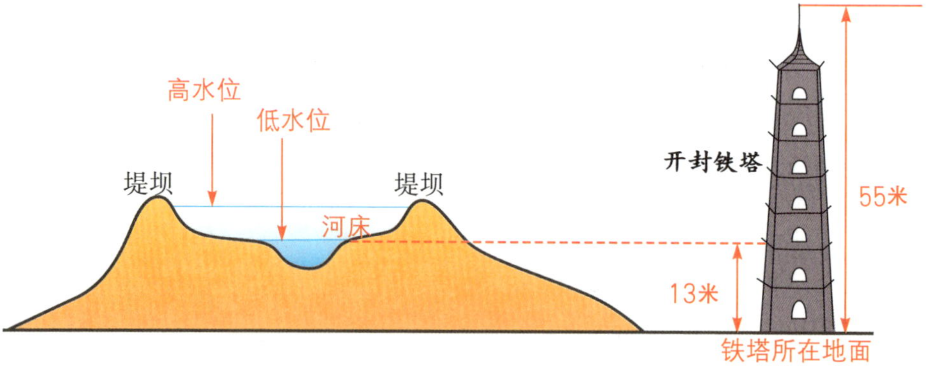

黄河下游的地上河示意图

第三章 探寻自然资源

030 什么是非可再生资源？

自然资源分为可再生资源和非可再生资源。非可再生资源主要包括煤炭、石油、天然气等化石能源及铁、铜、铝土等金属矿产资源。这些资源的形成需要数百万年的时间，但其消耗速度却非常快。

石油开采

非可再生资源的采掘、开发和使用，可能对环境造成较大影响，比如煤炭的开采、加工会带来大气污染和土地破坏等问题，石油、天然气的开采、加工和使用会导致温室气体含量增加，加剧全球气候变暖等。因此，人们在使用这些非可再生资源的同时，也要探索可再生资源的开发和利用，保护环境，实现可持续发展。

煤炭

031 可再生资源是取之不尽，用之不竭的吗？

可再生资源是指自然界中可以在较短时间内更新、再生，或者可以循环使用的资源，如太阳能、水能、风能等。在日常生活中，可再生资源越来越受到人们的关注，很多人认为这些资源是取之不尽、用之不竭的，但这一观点真的正确吗？

风能

太阳能

虽然可再生资源可以在自然界中不断更新和再生，但并不是取之不尽、用之不竭的。例如，如果我们不停地砍伐森林，树木再怎么长也会变得稀缺；如果我们不节约用水，水资源也会变得紧张。

另外，可再生资源在开发和使用过程中也存在一定的局限性。例如，太阳能和风能的利用需要大面积的土地和大量的设备来进行能量收集和转换，而水能的利用则需要进行大规模的水利工程建设。这些都需要大量的资金和技术支持，而且会对环境产生一定的影响。因此，可再生资源并不是取之不尽、用之不竭的，它们也需要我们的保护。让我们一起学会珍惜资源，保护地球吧！

032 中国地大物博，为什么还会资源短缺？

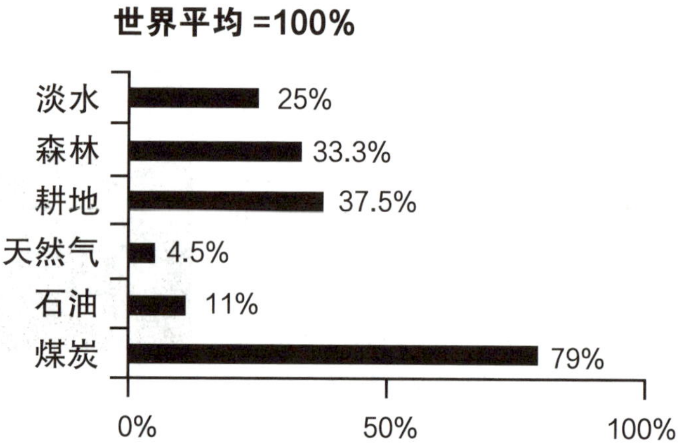

中国人均自然资源占有量与世界平均水平的比较示意图

我国疆域辽阔，自然资源种类众多。可是你知道吗？我国也面临资源短缺的问题。我国地大物博，为什么还会资源短缺呢？

一方面，我国人口众多，这就意味着我们需要更多的资源来满足人口和经济发展的需要。像煤炭、石油和天然气这样的化石能源，是不可再生的，当我们不断地开采和利用这些资源时，它们的存量就会减少，导致资源短缺。

另一方面，由于利用不当、管理不善，自然资源遭到破坏和浪费的现象严重。比如，过多地砍伐森林会破坏生态环境，也使木材变得稀缺；某些有毒物质如果处理不当，也会污染土地，造成土地资源浪费。

所以，我们要客观认识我国自然资源相对短缺的问题，积极开发可再生资源，推广可再生资源的利用，同时加强资源回收和再利用，提高资源利用效率。

033 为什么要坚守耕地红线？

“民以食为天。”中国是人口大国，守住18亿亩（1.2亿公顷）耕地红线，就是守住14亿多人的“生命线”！

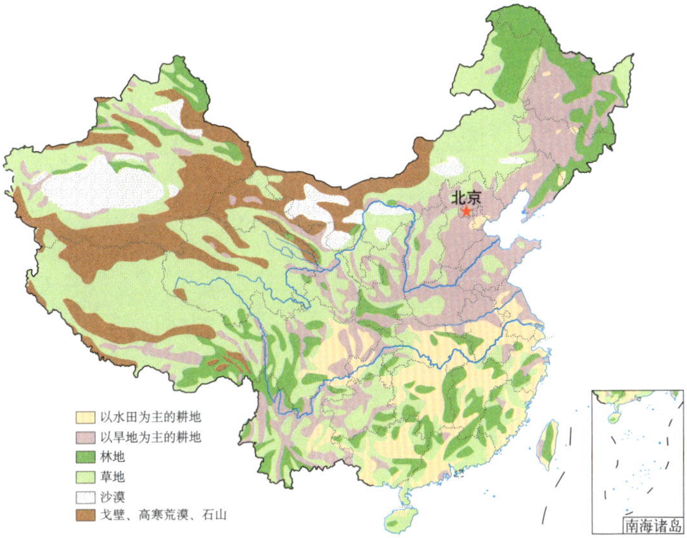

中国主要土地利用类型分布图

“耕地是粮食生产的命根子，是中华民族永续发展的根基。”截至2022年底，我国耕地总面积为12760.1万公顷，人均耕地面积约0.09公顷，不足世界人均耕地面积的一半，但我国土地垦殖率已达13.7%，超过世界平均水平3.5个百分点，耕地后备资源极其有限。因此，保护耕地，就是保护我们的生命线，更是社会经济持续发展对我们提出的迫切要求。确保粮食安全，必须首先保障耕地安全。

18亿亩耕地红线，是国家有关部门经科学研究计算出来的，是确保我国粮食安全稳定的耕地面积底线。我们不仅要保证耕地数量，还要提升耕地质量。提升耕地质量是粮食稳产、增产的重要途径。牢牢守住耕地红线，在保数量的前提下提质量，确保农田就是农田，而且必须是良田！

034 中国为什么要实施南水北调工程？

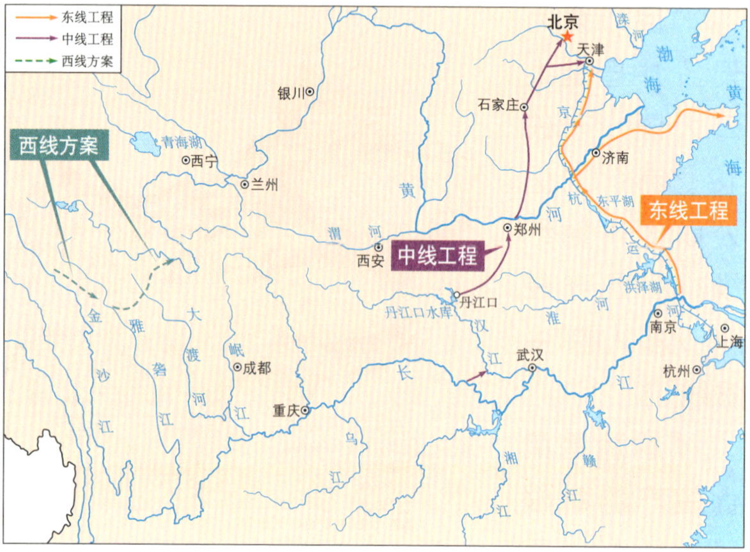

南水北调工程示意图

我国是一个水资源大国，水资源总量位居世界第6位，但人均水资源十分短缺，人均水资源占有量仅为世界人均值的1/4。另外，我国北方水资源比南方水资源少，尤其是华北地区城市，人口众多，需水量大，水资源短缺严重制约了地区经济发展。为了缓解这种状况，我国实施了一项伟大的工程——南水北调工程！

这项工程就像搭建了一座座桥梁，将南方的水资源运送到缺水的北方。南水北调工程的实施不仅缓解了北方地区的水资源短缺问题，还带来了良好的环境效益。北京引入南水后，许多干涸的湖泊得以恢复，城市生态环境得到改善，人们的生活水平也在一定程度上得到提高。南水北调工程是一项伟大的工程，让南、北方水资源得到更好的平衡与共享。

为了确保水资源的可持续利用，我们要加强水资源保护和管理，提高水资源利用效率。在日常生活中，我们也要珍惜每一滴水，从自身做起，节约用水。

第四章 经济腾飞之路

035 为什么说交通运输是经济发展的“先行官”？

各种交通运输工具

交通运输将一个国家的各个地区紧密相连。没有交通运输，各地的资源就无法得到充分利用，经济发展就会受到很大的限制。

首先，交通运输对于资源开发有至关重要的作用。如矿产、森林、水资源等的分布具有地域性。如果没有交通运输，这些资源就会被“困”在原地，无法发挥其价值。交通运输的发展，让各地的资源得到了充分利用，推动了经济的繁荣发展。

其次，交通运输可以促进地区之间的经济合作。随着交通运输的发展，各地的商品可以快速流通，实现资源互补，提高经济效益。交通运输让各地的市场变得繁荣起来，成为经济增长的重要动力。

最后，交通运输的发展还为人们的日常生活提供了便利。便捷的交通不仅提高了人们的生活质量，还激发出更多的消费需求，为经济增长提供源源不断的动力。例如，中国的京沪高铁，它的建设极大地缩短了北京到上海的时间，促进了沿线城市的经济发展。

“要致富，先修路”这句话道出了交通运输在经济发展中的重要地位。目前，我国的交通运输进入了新的发展阶段，正在为加快形成安全、便捷、高效、绿色、经济的综合交通体系而积极努力。

036 铁路干线是怎么命名的?

奔驰的高铁

我国幅员辽阔，铁路纵横交织，连接着各个地区。为了规范铁路干线的命名，有关部门按照一定的方法对我国铁路干线进行了命名。

首先，将接轨点附近城市的简称连缀为铁路线名是重要的铁路命名方式。例如，京哈线，就是连接北京（京）和哈尔滨（哈）两座城市的铁路干线。采用这种方式命名的还有包兰线、京广线、南昆线等。

其次，将铁路干线起讫点所在省区的简称连缀为铁路线名是另一种重要的铁路命名方式。例如，浙赣线就是取浙江（浙）和江西（赣）两省的简称连缀而来。采用这种方式命名的还有青藏线、湘黔线等。

现在，你是不是已经对铁路干线的命名方式有更清晰的了解了？希望下次乘坐火车出行时，你可以试着猜猜沿途铁路干线的名字，相信这会让你的旅途更加有趣！

037 “南稻北麦”是怎么回事？

“南人食稻，北人食麦”说的是中华大地上人们饮食习惯的南北差异。那这种差异是怎么形成的呢？

在日常生活中，虽然供人们食用的农作物种类众多，但因气候等的差异，各地适合种植的农作物是不一样的。也就是说，农作物的分布受气候影响较大。我国东部大致可以以秦岭—淮河线为界，划分为南方地区和北方地区。该线以南的南方地区，雨量充沛，热量条件较北方好，非常适合种植好暖、喜湿且单产较高的水稻，因此，南方人一直以大米及其制品为主食，如米饭、米糕、米团、米粉等。而该线以北的北方地区，降水相对较少，热量条件也较南方差，相对耐旱、耐寒的小麦成为人们种植的主要作物，人们也主要以面粉制品，如面条、馒头、饺子、大饼等为主食。

米饭

馒头

“南人食稻，北人食麦”与农业生产上的“南稻北麦”密切相关，所谓一方水土养一方人，讲的就是这个道理！

038 东北平原为何被誉为“大粮仓”？

东北平原

东北平原位于我国东北部，是我国面积最大的平原。这里曾因纬度较高、气候寒冷、作物难以生长而被称为蛮荒之地。经过多年开垦，这里现在已经华丽蜕变成了“大粮仓”。为什么会有这样的变化呢？

首先，东北平原拥有得天独厚的自然条件。这里位于温带季风气候区，雨热同期，夏季雨量充沛，有肥沃的黑土，非常适宜农作物生长。

其次，人类的智慧和努力也是关键。在 20 世纪 50—60 年代，为了响应国家号召，数以万计的人们来到这片神奇的土地，开荒种地，改变了这里的面貌。

正是由于有优越的自然条件和人类的智慧，东北平原逐渐成为国家粮食宝库。如今，东北平原的粮食产量约占全国粮食总产量的 20%，东北平原被人们称为保障国家粮食安全的“压舱石”和“定海神针”。

最后，由于东北平原环境优良，农作物受到的污染较少，因此，这里出产的农产品大多为绿色食品。这些绿色食品为我们的健康保驾护航，备受人们欢迎！

039 什么是温室农业？

温室里的蔬菜

新鲜的西瓜和葡萄你在冬天也能吃到，这要归功于温室农业的发展。温室农业就是人们通过人工保温设施（比如玻璃温室和塑料大棚）调节温度和湿度，让蔬菜和水果实现超季节甚至反季节生长。这种神奇的方法不仅可以让我们在寒冷的冬季也能吃到原本只在夏季才能吃到的蔬菜和水果，还能充分利用土地资源。在温室内，人们巧妙地利用立体空间，将农作物种植在多层架子上，或者悬挂在天花板上。这样一来，同样的土地面积就可以生产出更多的农产品，真是一举多得！

还有一些温室有更高级的智能控制系统，可以自动调节温度、湿度和光照，让农作物生长得更好。这样的温室农业不仅可以提高农作物的产量，还能更好地保障农产品的质量。

总的来说，温室农业就像一个神奇的“魔法盒子”，可以让我们一年四季都品尝到美味的蔬菜和水果。下次，你在冬天吃到新鲜的西瓜时，别忘了感谢温室农业带给我们的美味和惊喜！

040 什么是高新技术产业？

北京首钢园内的无人驾驶巴士

高新技术产业是指以高新技术为基础，从事一种或多种高新技术及其产品的研究、开发、生产和技术服务的企业集合。国家重点支持的高新技术领域主要包括生物与新医药技术、电子信息技术、新材料技术、航空航天技术、新能源及节能技术等。

那么，高新技术产业有什么特点呢？

首先，高新技术产业具有高度的创新性。正如大树需要不断吸收阳光和水分才能茁壮成长一样，高新技术产业也需要不断吸收新的科技成果和人才来保持其竞争力。例如，在生物技术领域，科学家正在研究如何利用基因编辑技术来治疗遗传性疾病。未来，我们有可能通过基因编辑技术来预防疾病，从而过上更健康的生活。

其次，高新技术产业具有很强的区域集聚性。就像珍珠需要贝壳来孕育一样，高新技术产业也需要良好的创新环境和产业链来发展。因此，高新技术产业往往会集中在一些科技产业园区或高新技术产业开发区，如北京中关村、上海张江科技园、深圳南山科技园等。

最后，高新技术产业对地理环境和人力资源素质有很高的要求。高新技术产业的发展需要大量的科研投入、优秀的人才队伍和良好的政策支持。

041 中国最大的工业基地在哪里？

沪宁杭工业基地是我国最大的工业基地，位于长江三角洲地区，包括上海、江苏、浙江等地。在这片充满活力的土地上，各种高新技术产业如雨后春笋般崛起，为区域经济发展注入强劲动力。

中国主要工业基地分布图

沪宁杭工业基地的地理位置非常优越。它位于长江下游及入海口地带，长江为其带来丰富的水资源。高速公路和高速铁路则像这片土地上的大动脉，将经济发展所需的资源迅速输送到各个角落。

这个充满活力的地区有很多知名企业，它们用高科技让人们的生活变得更加美好。例如，上海的汽车制造业非常发达，许多高端汽车在这里诞生，为人们提供舒适的出行方式。此外，南京的电子产业非常发达，这里生产的电子产品极大地方便了人们的生活。

沪宁杭工业基地的发展离不开这里的优秀人才。这里有许多高等学府，每年都培育出众多的科技精英。这些人才用他们的智慧和勇气，为这片土地带来繁荣和希望。

沪宁杭工业基地作为中国最大的工业基地，见证着中国工业发展的辉煌成就，也一定会有更加光明的发展前景。

第五章 北方地区

042 大庆油田是如何发现的？

20 世纪初，美国美孚石油公司多次来到我国进行勘探，但一直未能寻得有开采价值的油田，于是“中国贫油论”这一论调在国际社会上广泛传播。然而，我国地质学家并不这么认为，他们怀着极大的爱国热情日夜探索。李四光等提出了陆相成油理论，并指出三个可能性最大的含油区，其中就包括东北平原。正是在这里，一场寻找石油的大会战就此拉开序幕。

大庆油田

在辽阔的东北平原上，一支编号为“32118”的钻井队肩负起全国人民的希望，来到这片黑土地上，为寻找石油而战斗。背井离乡的他们日夜劳作，在冰天雪地里，用肩膀扛起沉重的钻机，将其矗立在东北平原之上。经过艰辛的努力，最终在 1959 年 9 月 26 日，松基三井里一股黑稠的液体在一声巨响后喷涌而出，大庆油田从此诞生。它的发现及时地为我国的工业“加油”，让我国彻底摘下了“贫油”的帽子。

如今的大庆油田石油储量超过 12 亿吨，一排排抽油机在东北平原上持续运转，源源不断地为我国输出优质原油。大庆油田就像一颗落在东北地区的明珠，让我们看到了东北地区的独特魅力。

043 五大连池是怎么形成的?

五大连池坐落在中国黑龙江省的五大连池市。由火山活动和自然演变共同塑造的这一系列湖泊，如同一串镶嵌在大地上的蓝宝石。那么，五大连池是怎么形成的呢?

五大连池

清朝康熙年间，五大连池一带有火山喷发，火山喷发产生的玄武岩流冲出地表并向四方漫流，阻塞了白河河道，被阻塞的河段水量不断增加，逐渐形成了五个堰塞湖。它们自南向北分别为头池、二池、三池、四池、五池，它们就像五颗连在一起的蓝宝石。头池被称为莲花湖，因为这里是五大连池中唯一有睡莲的湖泊；二池也被称为燕山湖，是远近闻名的天然养殖场，渔产丰富；三池又叫白龙湖，这里流传着许多民间传奇故事，是最神秘的池子；四池又名鹤鸣湖，其以苇塘观鹤和环境幽静而闻名。远眺五池，它就像一支“玉如意”静静卧在山间，因此得名如意湖。

五大连池诞生于火山喷发，历经岁月变迁，虽然当年的喷发盛况难以复现，但山巅的火山口和姿态各异的熔岩洞穴都在述说着曾经的故事。

044 漠河为什么被称为“不夜城”?

漠河

说起“不夜城”，你的脑海里会闪过哪些城市呢？是到了晚上火锅店依然忙碌的重庆，还是黄浦江两岸灯火闪耀的上海？这两座城市都有着丰富多彩、热闹鲜活的夜生活。此外，我国还有一座字面意义上的“不夜城”——漠河。

黑龙江省漠河市是我国最北边的城市，又被称为“中国北极”。每年的夏至日，漠河北极村的人们会共同欢度一个特别的节日——夏至节。夏至日这一天，凌晨 3 点钟左右太阳就迫不及待地从地平线上升起，照耀漠河接近 17 个小时，直到晚上 8 点多才落下。不仅在夏至日，在整个夏季，太阳都十分勤劳，每天早早升起，迟迟落下，因此漠河夏季的白天特别长，夜晚却尤其短暂。相比夜晚依靠人工灯光照明的重庆和上海，依靠太阳照明的漠河才是真正的“不夜城”。

“日长长到夏至，日短短到冬至。”在冬季，太阳就显得“懒惰”了，此时的漠河长时间被黑夜笼罩着。如果运气足够好，在漠河漫长的冬夜里，你有可能观赏到神奇而又绚丽的北极光。

045 哈尔滨冰雪节有哪些好玩的活动？

东北的冬天不仅寒冷，而且漫长。你知道吗？在这个被大雪覆盖的季节里，哈尔滨冰雪节已经成为一场盛大的冬季狂欢盛宴。那么，哈尔滨冰雪节都有哪些好玩的活动呢？让我们一起去探寻吧！

首先，我们来说说冰雕。冰雕是哈尔滨冰雪节的一大特色。大自然赐予了东北地区充足的冰雪，而东北人民则用他们的智慧和创意，将洁白无瑕的冰块雕刻成各种美丽的形态。这些冰雕作品如同冰雪中的璀璨明珠，为东北寒冷的冬季增添了无尽的魅力。在哈尔滨冰雪节期间，你可以近距离欣赏冰雕，沉浸在人工打造的冰雪童话世界里。

冰雕

其次，冰灯在哈尔滨冰雪节期间也非常受欢迎。当夜幕降临，华灯初上时，各种造型的冰灯将城市点缀得绚丽多彩。这些冰灯不仅是单纯的雕塑，还融入了现代科技，通过灯光、音乐等元素，营造出梦幻绚丽的视听盛宴。

此外，滑雪也是当地人非常喜欢的一项体育活动。冬季，这里降雪充足，积雪厚度适中，非常适合进行滑雪运动。在哈尔滨冰雪大世界滑雪场，你可以尽情体验雪地飞驰的快感。

当然，除了以上这些活动，哈尔滨冰雪节期间还有很多其他精彩的表演和活动，比如冬泳、雪地足球、雪人制作比赛等。这些活动充分展示了东北地区特有的冰雪文化。

哈尔滨冰雪大世界

046 为什么窑洞冬暖夏凉？

窑洞

在陕西和山西等地，有一种神奇的建筑——窑洞，它冬暖夏凉，为人们提供了舒适的生活空间。那么，窑洞为什么具有这样神奇的功能呢？

窑洞冬暖夏凉的秘密就藏在它的建筑材料和结构中。窑洞的墙体和地面用当地的黄土和石头等天然材料制成，这使得窑洞具有很好的保温性能。夏天，窑洞内部温度比外面低；冬天，窑洞内部温度则比外面高。无论夏天还是冬天，窑洞都能给住户提供温度适宜的居住环境。窑洞的顶部通常呈拱形，这种结构能有效地增大室内空间，也能使窑洞更加稳固。

还有一个很有意思的现象，窑洞内的空气湿度相对适中。这是因为黄土具有很好的透气性，能在不同季节自动调节窑洞内的湿度。

总之，窑洞之所以冬暖夏凉，得益于它独特的建筑材料和结构设计等。这些巧妙的设计让窑洞成为节能、环保、舒适的住所。窑洞是一种体现人与大自然和谐共生的民居形式，充分展示了当地人的智慧。

047 北京的四合院有什么特点？

四合院

四合院是北京的传统民居，它的布局特点是围绕院子，四边布置堂屋、住房和厨房等。一般门窗开向院子，对外不开窗。这小小一方天地，承载着北京丰富的历史和文化。

首先，四合院的布局非常讲究。东西两侧的房子叫作“厢房”，南边的房子叫作“倒座房”，北边的房子则叫作“正房”。正房一般是家中长辈居住的地方，地位最高；而厢房和倒座房则是晚辈或仆人居住的地方。这种布局反映了中国古代尊卑有序的家庭观念。

其次，四合院的建筑风格具有鲜明的地域特色。在北京，四合院的房顶多为坡屋顶，翘角飞檐，形成了独特的风景。这种建筑风格不仅美观大方，还能够很好地抵御风雨。此外，四合院的院墙采用青砖砌筑，给人一种沉稳古朴的感觉。

再次，四合院中的绿植和装饰也别具一格。四合院的院子里往往种满了各种花草树木，如海棠、石榴等，既美化了环境，又能降温遮阳。而门窗、砖雕、木雕等则展示了主人的品位和身份。

最后，北京位于华北平原的西北部，冬天寒冷干燥。四合院的房屋紧密相邻，院墙较高，形成了一个相对封闭的空间。这种布局能够抵御北风，有利于保持室内温度。

048 为什么说洛阳是"牡丹之都"?

河南省洛阳市有"牡丹之都"的美誉。每年春天，这里的牡丹盛开之时，会吸引无数游客前来欣赏。那么，为什么洛阳会被称为"牡丹之都"呢?

首先，洛阳的地理位置优越，气候适宜。洛阳位于我国中部地区，属于暖温带大陆性季风气候。这里四季分明，春秋温和，冬季寒冷，夏季炎热。这种气候条件正好适宜牡丹的生长，为牡丹提供了一个理想的"家园"。

洛阳牡丹

其次，洛阳的土壤肥沃，有利于牡丹的生长。洛阳地处黄土高原东南边缘，土壤肥沃且黏性较大，这对牡丹生长十分有利。另外，研究人员发现这里的土壤中锰、铜、锌等元素的含量明显高于其他地区，可以为牡丹的生长提供充足的养分。

再次，洛阳有着栽培牡丹的悠久历史。据记载，洛阳栽培牡丹的历史已有 1500 多年。洛阳是中国历史上多个朝代的都城，这里的宫殿、庙宇和园林中都种有大量的牡丹。此外，古代诗人的赞美也为洛阳的牡丹增色不少，使其名声传遍天下。

为了弘扬牡丹文化，洛阳市每年都会举办盛大的洛阳牡丹文化节。节日期间，游客可以欣赏到颜色和形态各异的牡丹，如洛阳红、姚黄、豆绿、青龙卧墨池等，这些牡丹为人们带来了一场视觉盛宴。

最后，洛阳市还致力于牡丹的培育、保护和推广工作。这里的洛阳牡丹园是中国最大的牡丹种植基地之一。在这片牡丹花海中，游客可以近距离观赏牡丹的风姿，还可以了解牡丹的种植技术和文化内涵。同时，洛阳牡丹园还开展了与国内外牡丹种植机构的合作，共同推动牡丹种植产业的发展。

除了美丽的牡丹，洛阳还拥有丰富的人文景观。在这里，你可以游览龙门石窟、关林、白马寺等著名景点，感受这里的厚重文化底蕴。同时，你还可以品尝到地道的洛阳水席、羊肉汤和烩面等美食，体验当地的传统饮食文化。

049 为什么山海关被称为“天下第一关”?

山海关

河北省秦皇岛市有一座雄伟壮观的古代关隘——山海关。它建于明洪武十四年（公元 1381 年），被人们誉为“天下第一关”，在历史上具有举足轻重的地位。为什么山海关会被称为“天下第一关”呢?

首先，山海关所处的地理位置十分优越。明朝时，山海关是连接中原地区和东北地区的唯一通道，具有重要的战略地位。当时的统治者为了加强山海关的防御能力，投入了大量的人力、物力和财力，使其成为长城沿线最为坚固的关隘。

其次，山海关的地形对于防御敌人具有天然的优势。它南临渤海，北靠角山，地势险要，易守难攻。这里山峦起伏较大，河流湍急，敌人要想攻破山海关，必须在这片艰险的地形中穿行，这无疑增加了战斗的难度。

最后，山海关的建筑规模和军事设施在当时也是独一无二的。它城墙高大，关门坚固，烽火台、瞭望台等设施一应俱全。在古代战争中，山海关曾多次成功抵御外敌的侵袭。

除了具有极高的军事价值，山海关还是一个有着厚重人文历史的地方。戚继光、魏源等都在这里留下了脍炙人口的诗篇。

050 长城为什么是中国的象征？

长城

长城就像一条巨龙蜿蜒在中国的土地上，是中华民族的骄傲和国家的象征。它体现了中国古代劳动人民的智慧和力量。那么，为什么长城会成为中国的象征呢？

首先，长城是人类建筑史上的奇迹。长城是中国也是世界上修建时间最长、工程量最大的古代防御工程。在古代，勇敢的劳动者冒着生命危险翻山越岭、披星戴月地修建长城。正是这些劳动者，用他们的汗水和智慧，将长城一砖一瓦地建起来，创造了人类建筑史上的奇迹。

其次，长城是中华文化的象征。许多文人墨客都以长城为题材，留下了众多传世之作。这些作品赞颂了长城的壮美，讴歌了中华民族的坚韧精神。如今，长城已经成为中国的一张名片，让全世界了解到中华文化的博大精深。

最后，长城是世界文化遗产。作为世界文化遗产，长城吸引着世界各地的游客。它让世界瞩目，是中国的国际名片，在人类文明中有着重要的地位。

总之，长城是中国的象征，它凝聚了中华民族的智慧与力量，展示了中国古代卓越的建筑成就和独特的文化内涵。

第六章 南方地区

051 杭州为什么自古就被称为“人间天堂”?

白居易一句“江南忆，最忆是杭州”体现出他对杭州的偏爱。柳永对杭州的印象则是:“东南形胜，三吴都会，钱塘自古繁华。”在很多人眼里，杭州是一个充满诗情画意的城市。那为什么杭州会深受人们的青睐呢?

杭州夜景

首先，杭州拥有美丽的自然和人文风光。西湖是杭州最著名的景点。西湖的四季皆有不同的魅力：春日的苏堤春晓、夏日的曲院风荷、秋日的平湖秋月、冬日的断桥残雪。除了西湖，杭州还有雷峰塔、灵隐寺、宋城等名胜古迹，它们使这座城市充溢着自然与人文的风采。

其次，杭州是一座文化底蕴深厚的城市。杭州有 8000 多年文明史和 2200 多年建城史。早在唐宋时期，杭州的经济就十分繁荣了，

西湖

素有“鱼米之乡”“丝绸之府”等称号。悠久的历史孕育了许多富有地方特色的美食，如糯米藕、西湖醋鱼、东坡肉等。

最后，和谐共生的生动实践为杭州增色不少。这座城市以其包容与和谐的精神，构筑起人与人之间彼此尊重、和谐相处的环境。在这里，行人过斑马线的礼让率高达 93.91%。2014 年杭州被《财富》杂志评选为“中国最适宜退休的城市”。

如今的杭州逐渐开始走向国际舞台。这座城市不仅成功主办了 2016 年的 G20 峰会，还在 2023 年 9 月主办了亚洲运动会，展示了其在国际社会中的重要地位。

052 钱塘江大潮什么时候看最壮观？

钱塘江大潮

每年中秋节前后，浙江海宁一带的岸边就会人山人海，人们正在等待一场澎湃汹涌的水上奇观——钱塘江大潮。“钱江秋潮”在古代就已闻名天下，无数文人墨客为之惊叹，并留下了许多赞美的诗歌。李白在《横江词六首·其四》中感慨道：“浙江八月何如此，涛似连山喷雪来。”刘禹锡则在《浪淘沙九首·其七》中写道：“八月涛声吼地来，头高数丈触山回。”苏轼在《催试官考较戏作》中称赞道：“八月十八潮，壮观天下无。”可见，他们都选择了在八月观潮。那么，为什么八月的潮水最大呢？

钱塘江大潮是一种潮汐现象，是海水受到月球和太阳的引力而出现的周期性涨落现象，人们把吸引海水涨潮的力称为引潮力。每逢农历八月十五前后，太阳、月球、地球几乎在一条直线上，此时海水受到的引潮力最大，大量潮水从钱塘江口涌向陆地。杭州湾至钱塘江口外宽内窄，口大肚小，潮水溯江而上涌入越来越狭窄的河道，后浪赶前浪，一浪盖过一浪，层层相叠，水位暴涨。此外，八月的钱塘江水量丰沛，江面上东南风盛行，借助风的威力，江水造就了壮观的钱塘江大潮。

053 为什么说鄱阳湖是“候鸟天堂”？

鄱阳湖位于我国江西省北部，是我国第一大淡水湖，被誉为“候鸟天堂”。鄱阳湖为什么会获得这种赞誉呢？

首先，鄱阳湖的地理位置优越。鄱阳湖位于长江流域的中下游地区，地处亚洲东南部和南部的候鸟迁徙线上，是众多候鸟迁徙过程中的重要中转站，为候鸟提供了一个暂时歇脚的地方。

鄱阳湖候鸟

其次，鄱阳湖的生态环境良好。鄱阳湖面积广阔，水域面积最大可达 3283.4 平方千米。湖中有众多鱼类和水生植物，为候鸟提供了充足的食物来源，保证了候鸟在长途迁徙过程中的能量补给。同时，湖边植被茂盛，有众多芦苇等水生植物，为候鸟提供了良好的栖息环境。

最后，鄱阳湖的气候条件十分适合候鸟栖息繁衍。这里秋冬季节较温暖，为候鸟提供了舒适的生活环境。

鄱阳湖作为“候鸟天堂”，每年吸引60多万只候鸟前来，其中包括白枕鹤、白鹤、白头鹤、灰鹤等珍稀鸟类。这些漂亮的鸟儿在湖畔翩翩起舞，成为鄱阳湖的一道美丽的风景线。

鄱阳湖不仅是候鸟的天堂，也是人们生产生活的重要场所。鄱阳湖丰富的水资源滋养了周边的土地，使得农业生产得以蓬勃发展。这里盛产水稻、莲藕等作物，是南方的重要粮仓。此外，鄱阳湖丰富的鱼类资源为当地渔民提供了稳定的收入来源，同时也为广大消费者带来美味的食物。

然而，随着人类活动的增多，鄱阳湖的生态环境正面临着严重的威胁。过度捕捞、水污染、湿地退化等问题日益严重，候鸟的生存环境受到了极大的影响。因此，保护鄱阳湖的生态环境，让“候鸟天堂”永续发展，已成为摆在人们面前的一项重要任务。

054 为什么说长江中下游平原是鱼米之乡？

为什么说长江中下游平原是鱼米之乡呢？

长江中下游平原

首先，长江中下游平原有着优越的气候条件。长江中下游平原处于亚热带季风气候区，四季分明，雨水充沛，日照适中。这些条件非常适合水稻和其他农作物的生长。

其次，长江中下游平原有着丰富的水资源。这里河网密布，湖泊众多，有太湖、洞庭湖等。这些湖泊为农田提供了充足的灌溉水源，同时也为鱼类和其他水生生物提供了优越的生存环境。

最后，长江中下游平原土壤肥沃。这里的土壤主要是由长江及其支流挟带的泥沙，在地势较低处沉积而成。土壤中富含有机质和矿物质，非常有利于农作物的生长。

因此，长江中下游平原被誉为“鱼米之乡”。这里绿油油的稻田与蓝天白云构成了一幅幅美丽的田园画卷。

055 是"梅雨"还是"霉雨"?

梅雨季节下雨较多

初夏时节，当南方的暖湿气流和北方的冷空气在长江中下游地区相遇，一场冷暖空气的攻防"拉锯战"就此展开。由于冷暖空气双方势均力敌，因此就出现了降水量较大、次数频繁的阴雨天气。因此时正值江南梅子的成熟期，故这样的天气被称为"梅雨"。

通常，梅雨在6月上旬到中旬开始，7月上旬到中旬结束，但在具体年份，梅雨开始和结束的时间会有变化。有的年份梅雨开始得很早，在5月就到来，称为"早梅雨"；有的年份梅雨姗姗来迟，6月下旬以后才来，称为"迟梅雨"；有的年份梅雨期特别长，容易造成洪涝灾害，称为"特长梅雨"；有的年份梅雨期只有几天甚至没有，就会出现干旱，称为"空梅"。

南宋诗人赵师秀在《约客》中写道："黄梅时节家家雨，青草池塘处处蛙。"这句诗生动地描绘了梅雨季节的景象。"雨打黄梅头，四十五日无日头"，梅雨控制下的长江中下游地区潮湿多雨，气温很高，闷湿的环境是霉菌的"温床"，它们疯狂生长在衣服和家具上，俗称"长毛"。所以，人们也将梅雨称为"霉雨"。此外，连绵的阴雨天气容易使人心情低落，所以梅雨季节可以听听音乐，多和家人朋友在一起，给心灵去一去"霉"！

056 台湾岛为什么被称为“宝岛”?

台湾岛东临太平洋，西隔台湾海峡与福建相望，一直被人们称为“宝岛”。

从台湾岛的地理环境来说，台湾岛属亚热带季风气候和热带季风气候，阳光充足，雨量充沛，这为台湾岛的农业发展提供了得天独厚的条件。正是由于这样的气候特点,台湾岛成为富饶的鱼米之乡。

日月潭

台湾岛的农产品丰富多样，尤以水果、稻米和茶叶等为代表。你如果吃过台湾岛香甜多汁的芒果、美味可口的凤梨和口感独特的柚子，一定会对它们赞不绝口。台湾岛的稻米极具特色，尤其是台湾香米深受人们喜爱。另外，台湾岛出产的高山茶和东方美人茶等也享誉世界。

此外，台湾岛的地貌特征也独具魅力。台湾岛西部为平原，中东部为山地，风景如画。这里有雄伟的玉山、秀美的阿里山和风光独特的日月潭，这些风景名胜吸引着世界各地的游客。在这里，你可以欣赏自然美景，体验山水间的独特韵味。

台湾岛不仅拥有美丽的自然景观，还有着深厚的历史底蕴。这里的各种民俗文化、宗教信仰和美食佳肴，更为这座宝岛增添了独特的魅力。

在台湾岛的城市和乡村，你可以看到古老的庙宇、闽南风格的古厝和传统市集等人文景观。同时，台湾岛的民间艺术也是一大看点。这里有独具特色的布袋戏、歌仔戏等表演艺术形式。

台湾岛的美食令人垂涎欲滴。从小吃摊到高档餐厅，从传统菜肴到创意料理，台湾岛的美食可以说是五花八门。在这里，你可以品尝到地道的台湾美食，如蚵仔煎、卤肉饭、肉圆、三杯鸡和牛肉面等。这些美食不仅味道鲜美，还融合了台湾岛的地域特色和历史文化，让人印象深刻。

总之，台湾岛被称为“宝岛”，与其得天独厚的气候条件、丰富的农业资源、美丽的自然风光和深厚的文化底蕴等密切相关。台湾岛如一颗璀璨的宝石，镶嵌在中国的东南角，闪耀着迷人的光芒。

057 红艳艳的丹霞山是怎么形成的?

丹霞山

说到山，你会想到什么颜色？绿色还是土黄色？在广东省韶关市仁化县境内却有一座红艳艳的丹霞山，它“色如渥丹，灿若明霞”。为何一座山会呈现红色呢？丹霞山的形成究竟有何奥秘？

原来丹霞山是由一层层红色沉积岩形成的。亿万年前，丹霞山所在地区是盆地等低洼区域。由于地势较低，流水或大风挟带的大量泥沙、砾石沉积在盆地中，它们随着时间的积累层层堆积，而沉积物中的铁会发生强烈氧化作用，生成了大量的红色氧化铁，这样红色的岩层得以形成。充满红色岩层的盆地地势较低，想要变成陡峻的丹霞山还离不开造山运动。受造山运动的影响，红色岩层逐渐抬升，鲜艳的红色岩层在流水、风等外力作用影响下，逐渐演化成如今的丹霞山。

其实丹霞地貌的演化是有阶段性的，它的演化过程可分为青年期、壮年期、老年期三个阶段。不同阶段的丹霞地貌形态不同，广东丹霞山目前正处于壮年期晚期。在中国，丹霞地貌有 1000 多处，江西龙虎山、浙江江郎山、贵州赤水等地的丹霞地貌各具特色，你有机会就去看看吧!

058 红树林是红色的吗?

红树林

在我国的东部沿海地区，有这样一种植被类型——红树林，它们常年生长在高盐度的海岸泥滩中，形成一片海岸森林。它们能够防风固堤，消减海浪，如同“海岸卫士”般守护着沿海人民的安全!

红树林是自然界中一种非常奇特的生物群落，为了适应潮间带的环境,它们掌握了许多本领。例如,许多真红树植物掌握了“胎生”的本领，果实的种子早在树上就萌发了，脱落后便能快速扎根滩涂，避免受到潮水的冲刷;为了吸收淡水,所有的红树林植物都有“拒盐”的本领，它们的身体就像一个海水淡化器，通过盐腺泌盐、落叶脱盐等方式，将体内多余的盐分排出去。附着在其叶面表层的白色晶体就是盐分。

红树林的神奇之处还在于虽然它外表看起来和陆地上的森林一样是绿色的，但是当树皮被划开时，内里却呈现红色。这是因为红树林的树皮里富含单宁酸，当树皮被划开时，单宁酸遇见空气就会变红,红树林也因此得名。近 10 年来,由于人类围海造地、围海养殖、过度砍伐等行为，红树林遭受到不同程度的破坏。保护红树林，迫在眉睫!

059 四川为什么被称为“天府之国”？

四川，这片位于中国西南部的神奇土地，自古以来就有着“天府之国”的美誉。那么，为什么四川会被称为“天府之国”呢？

四川位于长江上游地区，地势起伏较大。四川西部山地众多，大部分地区为高原山地气候；中部和东部为盆地，属亚热带季风气候，四季分明，温暖而湿润，为农作物的生长提供了得天独厚的条件。正因如此，四川的农业生产非常发达，特别是水稻、小麦、油菜等农作物质量上乘，产量很大。另外，四川还是中国茶叶的主要产区之一，如峨眉雪芽、蒙顶甘露等都是著名的茶叶品种。

乐山大佛

除了发达的农业，四川还拥有丰富的矿产资源。金、银、铁等矿产资源为四川的经济发展提供了强大的支撑。同时，四川盆地丰富的水能资源、煤炭资源和天然气资源，也使得四川成为我国重要的能源产区。

此外，四川的自然景观美不胜收。从巍峨壮丽的四姑娘山、色彩斑斓的九寨沟，到著名的大熊猫栖息地，四川拥有众多世界闻名的旅游胜地。这里的美景吸引了无数游客前来欣赏，也为四川人带来了可观的收入。

当然，四川独特的饮食文化也不能忽略。川菜作为中国八大菜系之一，以“麻辣鲜香”著称。川菜的代表性菜肴有“麻婆豆腐”“宫保鸡丁”“水煮鱼”等。这些美食让四川成为一个充满诱惑的美食天堂，让无数人为之倾倒。

值得一提的是，四川还有悠久的历史和灿烂的文化。三国时期的蜀国就位于四川，这里有许多英勇的历史人物和感人至深的故事。成都是四川的省会，有着悠久的历史，被誉为“一座来了就不想离开的城市”。

四川还生活着众多少数民族，如彝族、藏族、羌族等，这些民族的独特文化也为四川增添了浓厚的文化底蕴。四川美丽的自然风光、悠久的历史文化、独特的民俗和美食，共同彰显出这个“天府之国”的魅力。

060 都江堰为什么被誉为“世界水利文化的鼻祖”？

都江堰是位于四川省都江堰市的著名水利工程，被誉为“世界水利文化的鼻祖”。它就像一名勇敢的战士，保卫着成都平原的百姓。那么，究竟是什么让都江堰声名远扬呢？

都江堰

首先，都江堰的设计理念非常先进。我们经常讲“顺势而为”，即顺应自然规律进行建设。都江堰的设计者李冰，正是运用了这一思想，巧妙地利用地形地貌，把都江堰修建在岷江中游，实现了平衡水流、防洪和灌溉的目的。

其次，都江堰的建筑技术卓越。在古代，科学技术并不像今天这样发达，但都江堰凭借其独特的建筑结构成为水利工程的典范。它采用无坝引水的方法，将河水分流后并用于灌溉，既降低了建筑成本，又减轻了对环境的破坏。这种富有创新性的技术在当时世界范围内都是少有的。

再次，都江堰的功能齐全。一项优秀的水利工程应该具备灌溉、防洪、排涝等多种功能，都江堰恰好实现了这些功能。它不仅有效地调节了水资源，保证了成都平原农田的灌溉水源，还能在汛期起到防洪作用。

最后，都江堰具有很高的文化价值。它不仅是一座世界级的水利工程，更是中国古代劳动人民智慧的结晶。都江堰的建设过程充分展示了中国古代劳动人民勤劳、智慧、勇敢的精神品质。

都江堰不仅为四川省的农业发展奠定了基础，还促进了当地的经济发展。在它的滋养下，成都平原得以迅速发展，成为一个以农业为基础、工商业兴盛的地区。此外，都江堰的成功实践也为世界各地的水利工程建设提供了宝贵的经验。

061 为什么九寨沟被称为“人间仙境”？

九寨沟位于四川省北部。这里有各种形状的湖泊，当地人称它们为“海子”。这些海子犹如上帝打翻的调色盘，五彩斑斓。这些海子之所以如此迷人，是因为湖里有一种叫作“钙华”（碳酸钙）的东西。钙华在湖水中沉积，然后反射和散射阳光，使湖水看起来非常美丽。除了钙华，海子的深度、清澈度及水里的其他物质也影响海子的颜色。

九寨沟

除了美丽的湖泊，九寨沟还拥有壮观的瀑布。这里的瀑布数量众多，它们的形成与地形有关。地形决定了水流的速度和方向，从而塑造出各种形状和规模的瀑布。这些瀑布从高处跌落到湖泊中，就像是天上的一道道银河流淌到人间，美不胜收。

四季更迭，九寨沟的景色如诗如画。春天，新绿的树叶点缀着五彩斑斓的湖泊；夏天，幽静的湖水映衬着郁郁葱葱的山林；秋天，金黄的落叶覆盖在蜿蜒的山路上；冬天，皑皑白雪为这片仙境披上了银装。这里的四季景色各异，都能给人留下难以忘怀的美好记忆。

九寨沟不仅有美丽的自然景观，还是动植物栖息的乐园。这里有许多珍稀动植物，如红松、冷杉、四川红杉等植物，以及大熊猫、川金丝猴、斑羚等动物。这些动植物是生态平衡的守护者，它们共同构成了九寨沟独特的生物多样性。在这片人间仙境中，它们与美丽的山水相互依存，共同生息。

九寨沟还有丰富的民族文化。藏族、羌族等少数民族世代居住在这里，他们独特的建筑风格和民俗文化为这里的美景增添了几分人文韵味。在九寨沟，游客们可以欣赏藏族舞蹈、品尝羌族美食，感受多元文化的魅力。

人们行走在九寨沟，既可以欣赏五彩斑斓的湖泊、壮观的瀑布和珍稀的动植物，又可以体验独特的少数民族风情，可谓置身于名副其实的“人间仙境”！

062 昆明为什么会四季如春?

昆明

昆明，这座被誉为“春城”的城市，以其四季如春的气候而闻名。那么，昆明为什么会四季如春呢?

首先，昆明位于低纬度地区。低纬度的地理位置使昆明拥有充足的阳光和较高的气温，从而使这里一年四季气温适中。

其次，昆明的地形特点也是一个重要因素。昆明所在的云南高原内部有许多山脉、河谷和盆地，这种地形对局部气候有明显的调节作用。昆明周边的山脉可以阻挡寒冷的北风，使昆明冬季的气温保持在一个相对较高的水平。夏季，这里较高的海拔又使气温不至于过高。正是得益于地形的调节作用，昆明的气温一年四季都保持在一个舒适的范围。

昆明四季如春的气候让无数鲜花盛开。在这里，你可以欣赏到众多美丽的花卉，包括樱花、杜鹃、山茶花等。另外，这里的水果也有很多种，如苹果、菠萝、葡萄等，其质量上乘，享誉全国。

昆明的气候特点对人的身体健康也大有裨益。许多游客来到昆明，不仅是为了欣赏美丽的自然景色，还为了在这里休闲康养。

总之，昆明四季如春的气候特点与其所处的纬度、地形等息息相关。这种宜人的气候使得昆明成为一座充满鲜花、水果和美景的城市，吸引了世界各地的游客。如果你对这里感兴趣，不妨在假期和家人一起去昆明，体验“春城”的独特魅力。

063 黄果树瀑布是如何形成的？

明代著名的地理学家徐霞客游历贵州时，看见雄伟壮观的大瀑布在青山的环抱下一泻千里，感慨道：“高峻数倍者有之，而从无此阔而大者。”从那时起，藏在深山的“黄果树瀑布”便名扬天下。

黄果树瀑布

黄果树瀑布位于贵州省，落差 74 米，宽 81 米，因水势浩大而享有“中华第一瀑”的美誉。

黄果树瀑布的形成与季风和地形有关。西南季风与东南季风从海上吹来，为这一地区带来水汽，使这里形成丰富的河网水系。河流顺着高低起伏、崎岖不平的高原山地由高处向低处流动。在流淌过程中，地表被不断侵蚀，河水交流互通，在时间的打磨下，黄果树瀑布与其周围风格各异的大小瀑布组成了亚洲最大瀑布群，堪称“岩溶瀑布博物馆”。

064 “贵州第一山”为什么是梵净山？

在贵州这个地貌奇特、风景如画的省区，有一座名为梵净山的神奇山峰被誉为“贵州第一山”，它有什么魅力能获此殊荣呢？

梵净山

梵净山位于贵州省铜仁市中部，为武陵山脉主峰，最高峰海拔 2570 米。虽然它并非贵州最高峰，但在众多山峰中独具魅力。

梵净山有着独特的地貌特点。梵净山有许多形态各异的山峰，如蘑菇石、红云金顶、老金顶等。红云金顶如同一把宝剑直插云天，傲立于群山之中。

梵净山还有着丰富多样的生物。山上有众多珍稀植物和动物，如珙桐、梵净山冷杉、黔金丝猴等，是名副其实的“世界动植物基因库”。

此外，梵净山还有着丰富的人文景观。这里是佛教圣地，有千年古刹等历史遗迹。当地的苗族、侗族等少数民族文化也为梵净山增添了浓厚的人文气息。

综上所述，梵净山之所以被称为“贵州第一山”，主要是因为它具有独特的地貌、丰富多样的生物、深厚的人文底蕴及迷人的民族风情。这些因素共同构成了梵净山的独特魅力，使它在贵州众多名山中脱颖而出，成为无数游客的向往之地。

065 为什么说贵州“地无三里平，天无三日晴，人无三两银”？

贵州位于我国的西南部，当地有“地无三里平，天无三日晴，人无三两银”的说法。那为什么会有这种说法呢？

贵州风光

“地无三里平”是因为贵州多喀斯特地貌。也就是说，这里广泛分布着溶洞、石林、峡谷等地貌，平坦的地方相对较少。贵州是我国唯一一个没有平原的省区。

“天无三日晴”是因为贵州位于亚热带季风气候区，受季风影响较大。这里气候的特点是温度适中，湿度较大，全年多雨。因此，贵州很少有连续的晴朗天气。

“人无三两银”是因为贵州虽然自然资源丰富，但地势险峻，交通不便，所以经济发展相对滞后。在过去，贵州的百姓生活水平并不高。然而，随着近年来国家政策的支持和贵州人民自身的努力，贵州经济发展速度明显加快，人民生活水平不断提高。“人无三两银”的说法已经不再符合贵州的发展现状了。

此外，正因为特殊的地理环境，贵州形成了独特的自然景观和丰富的民俗文化。比如，黄果树瀑布、荔波樟江、西江千户苗寨等都是吸引游客的热门景点。

如果你去贵州旅游，那里的美食也是不容错过的。贵州的酸汤鱼、苗家糯米饭等美食都让人垂涎欲滴。

第七章 西北地区

066 西北地区的特点是什么？

西北地区主要位于我国地势的第二级阶梯，大体位于大兴安岭以西、长城和昆仑山脉—阿尔金山脉以北。西北地区的地形以高原和盆地为主，东部主要是内蒙古高原，西部为高山和盆地相间分布。本区特点有以下几方面。

1. 面积广大。西北地区面积约占全国土地总面积的 30%，人口仅占全国人口总量的 4%，地广人稀。这片广袤的土地宛如一块巨大的画布，绘制出了无数壮丽的自然景观。

2. 气候复杂。西北地区既有高原山地气候，也有温带大陆性气候。高山地区的气候有着垂直方向上的显著差异。

塔克拉玛干沙漠

3. 资源丰富。西北地区蕴藏着丰富的石油、天然气资源，这些资源通过管道运输和铁路运输被运往东部地区，有效缓解了东部地区能源短缺的问题。西北地区地势较高，风能资源也较为丰富，国家在这里修建了许多风力发电站。

4. 民族文化多元。西北地区是我国少数民族分布较为集中的地区之一，这里有回族、藏族、蒙古族、维吾尔族、哈萨克族等。不同民族的语言、饮食、服饰、建筑、歌舞等都独具特色。

5. 历史悠久。西北地区历史悠久，留存了众多文化遗迹。敦煌莫高窟、楼兰古城、元上都遗址等都是西北地区的历史名片。

大西北，这片广袤无垠、多姿多彩的土地，蕴藏着无尽的奥秘和魅力。让我们带着好奇和敬意，去探寻这片神秘的土地吧！

067 “塞上江南”在哪里？

“塞上江南”原指宁夏黄河灌区，如今泛指宁夏平原，包括银川、吴忠、石嘴山和中卫等地。

宁夏平原位于黄河流域，地处黄土高原和沙漠之间。这里有着深厚的历史文化底蕴，有西夏王陵、水洞沟遗址等著名景点。这里的自然景观也非常迷人：沙湖是一片位于沙漠中的绿洲，风景如画；沙坡头则是一处天然的沙丘景观，形状独特。

宁夏平原的美景

宁夏平原拥有得天独厚的水土资源。由于黄河过境，这里的年均径流量十分丰富，适宜发展农业生产。这里黄土层中的水分较为充足，土壤较为肥沃，因此粮食产量较高。另外，这里优质草场面积大，畜牧业的发展也非常迅猛。此外，宁夏平原还拥有丰富的非金属矿产资源，煤炭等的储量位居全国前列。

在宁夏平原，你还可以品尝丰富的美食，感受多样的民族文化。这里回族人口比例较高，因此回族美食形成一大特色。烤羊肉串、羊杂碎、手抓饭等美食，是游客们不容错过的味蕾盛宴。这里也经常举办各种民俗活动，如赛马、歌舞表演等，展现出独特的民族风情。

总之，“塞上江南”有着独特的魅力，是一个值得游客们前来探寻的美丽地方。无论是欣赏黄河的壮观、沙湖的宁静、沙坡头的奇特，还是品尝美食、领略民俗风情，都将为你的旅程增添难忘的回忆。

068 内蒙古高原上有哪些著名的旅游胜地？

从空中俯瞰内蒙古高原，自东向西，随着距离海洋越来越远，地表景观也大致呈现出草原—荒漠草原—荒漠的变化。内蒙古高原上有众多旅游胜地，下面我们来介绍其中五个。

1. 呼伦贝尔草原

呼伦贝尔草原位于内蒙古高原东北部，这里地势平坦，气候相对湿润，是我国面积最大的草原。想象一下，你站在这片绿色的海洋中，感受着微风吹过脸庞，欣赏着牛羊成群的壮观景象，一定会心旷神怡。

呼伦贝尔草原

2. 响沙湾

响沙湾位于内蒙古自治区鄂尔多斯市，是一处著名的沙漠旅游景点。与其他沙漠不同的是，当你走在这片沙漠上时，沙子会发出清脆的响声，仿佛在演奏一首美妙的交响乐曲。游客还可以在这里体验骑骆驼、滑沙等项目，欣赏沙漠中的奇特景观。

响沙湾

3. 阿斯哈图石林

阿斯哈图石林位于内蒙古自治区赤峰市，是由大自然精心雕琢而成的石头世界。这里的岩石形态各异，有的像城堡，有的像树林，惟妙惟肖。如果你来到这里，白天可以欣赏大自然的鬼斧神工，晚上可以体验独特的民俗文化。

4. 赤峰市红山文化遗址

赤峰市红山文化遗址位于内蒙古自治区赤峰市，是一处反映我国北方新石器时代晚期文化的重要遗址。在这里，你可以了解内蒙古高原上的古代文明，探索远古时期的神秘历史，也可以欣赏周围美丽的自然风光。

5. 额尔古纳国家湿地公园

额尔古纳国家湿地公园位于内蒙古自治区呼伦贝尔市，园内景观类型丰富，包含河流、湿地、森林和草原等多种类型，孕育了众多的野生动植物，是自然爱好者和摄影爱好者的天堂。

内蒙古高原上的旅游胜地数不胜数，每个景点都为我们展示了这片土地的魅力。如果有时间，你一定要去内蒙古高原看看，探寻那里神奇的地理景观，体验那里的自然之美和人文风情。

069 河西走廊是什么“走廊”？

如果你从高空中俯瞰青藏高原东北部，会发现在祁连山脉以北、合黎山和龙首山以南有一片平坦而狭长的谷地，谷地呈西北—东南走向，绵延约 1000 千米，最窄处宽度仅有几千米。这是一条由山脉围合而成的天然大通道，形如走廊，又因位于黄河的西边，故称“河西走廊”。深入了解河西走廊后你会发现，它绝不只是一条地理意义上的普通通道。

河西走廊

由于远离海洋，山脉阻挡水汽进入，河西走廊常年干旱少雨，荒漠和戈壁随处可见。不过，幸运的是，这里受到了祁连山脉冰雪融水的“照顾”，这些冰雪融水汇集成了大大小小的河流，它们沿着河西走廊，一路冲出峡谷，沉积出平原，雕刻出丹霞彩丘，滋养着众多农作物，勾画出一条令人向往的景观走廊。

河西走廊还是一条文明走廊，这里自古以来便是沟通中原地区与西域的交通要道，也是多民族不断交流融合的核心区域，留下了大量历史文化遗迹。丝绸之路的畅通促进了东西方商品的西去东往，我国的中原文明从这里走向西域和更远的地方，而来自欧洲等地的文明也通过河西走廊传到我国中原地区。

如今的河西走廊还肩负起风电、光电、天然气等多种能源输送的重担。受气候和地形的影响，这里的风能和太阳能资源丰富，众多特高压直流输电线路在此兴建，清洁能源沿着河西走廊绵延东去。此外，河西走廊还是塔里木盆地的天然气向东输送的重要通道，“能源走廊”实至名归。

070 酒泉为什么能建卫星发射中心？

酒泉卫星发射中心

酒泉卫星发射中心是我国著名的航天发射基地，位于甘肃省酒泉市附近的戈壁滩上。为什么酒泉会成为建设卫星发射中心的理想之地呢？

首先，卫星发射中心的选址要考虑到卫星发射对周围环境和生物的影响。酒泉位于甘肃省西北部，周围都是茫茫戈壁，人烟稀少。这样的地理环境有利于确保卫星发射过程中不会对人类和其他生物造成伤害。

其次，酒泉的地理位置有助于卫星发射。位于北纬 40° 左右的地区是发射倾角较大的中、低轨道卫星的最佳地带。酒泉市正好位于这个黄金纬度上，为卫星发射提供了一个极佳的出发点。

再次，酒泉的气候条件有利于卫星发射。这里气候干燥，降水少，晴天多，使得卫星发射的成功率大大提高。另外，这里也较少发生沙尘暴，这有利于卫星发射设施的安全。

最后，酒泉的交通条件也有利于卫星发射。虽然酒泉位于我国西北偏远的戈壁滩上，但它位于兰新线上，为运送火箭、卫星和其他各种航天设备提供了便利。

总之，酒泉之所以能成为建设卫星发射中心的理想之地，与其独特的地理位置、适宜的气候和便利的交通密切相关。

071 张掖丹霞地貌美在何处？

张掖丹霞

张掖丹霞地貌是大自然精心绘制的彩色画卷，让我们来探索这种地貌的神奇之处吧！

张掖丹霞地貌主要由红色砾石、砂岩和泥岩组成，层层叠叠，色彩斑斓。这里的岩石层次分明，颜色丰富，从深红到浅黄，犹如大自然的调色板。而各种形状的山丘、峰林、沟壑等奇特景观，则像是大自然用一把无形的刀雕刻出的一个个惟妙惟肖的艺术品。

张掖丹霞地貌有着奇特的造型和斑斓的色彩。当你漫步在芦苇沟，环顾四周，千仞赤壁，峰回路转，一步一景，仿佛置身于一个童话世界。

这里的丹霞地貌被誉为“中国最美的七大丹霞”之一，还曾被美国《国家地理》杂志评为“世界十大神奇地理奇观”之一。

张掖丹霞地貌是大自然的杰作，也是一种不可再生的珍贵地质遗产。如果你来到这里，希望你能在欣赏它的神奇、感受它的壮美之余，更加懂得去保护它！

072 “早穿棉袄午穿衫”是怎么回事?

新疆风光

新疆位于我国西北边陲，是一个地域辽阔、自然风光独特的地方。新疆的一些地区有一种有趣的现象：早晨时分人们穿棉袄抵御寒冷，到了中午却要换上轻薄的衣服。那这种“早穿棉袄午穿衫”的现象是怎么形成的呢?

这是因为新疆地处内陆，属典型的温带大陆性气候。这里距离海洋很远，地表以沙石为主，沙石比热容较小，升温快，降温也快。具体来说，太阳升起后，地表受到阳光的照射，吸收大量热量而迅速增温；太阳落山后，地表又迅速散失热量，造成夜间气温迅速降低。

“早穿棉袄午穿衫”这种现象可以用一个形象的比喻来描述：新疆一天的气温就像一个调皮的孩子，早晨爱捉弄人，让你感到“心寒”，中午却又让你感到温暖。正是因为这种气温特点，新疆的居民在穿衣时需要更加灵活。

这种有趣的现象不仅让我们了解了新疆地区的气温特点，还让我们认识到地理环境对人类生活方式的影响。

073 “魔鬼城”里有魔鬼吗？

新疆有多处“魔鬼城”，以位于克拉玛依市东北约 110 千米处的乌尔禾区的魔鬼城最为出名。白天，人们远眺“魔鬼城”，这里高低不平的岩石就像一座座参差错落、大大小小的城堡，这赋予了魔鬼城的“形”；每当夜晚降临，迷宫般的“魔鬼城”内开始出现各种声音，如狼嗥虎啸，似魔鬼怒吼，令人毛骨悚然，这赋予了魔鬼城的“音”。因此，这里被当地人称为“沙依坦克尔西”，意思就是魔鬼出没的地方。

乌尔禾魔鬼城

其实，“魔鬼城”并不是住着魔鬼的城堡，而是一种典型的风蚀地貌——雅丹地貌。它的形成要追溯到 1 亿多年前，当时“魔鬼城”所处的地方是一个巨大的淡水湖，湖泊里沉积了厚厚的沉积岩。后来，由于地壳运动，湖底得以抬升。这些沉积岩在白天接受着太阳的炙烤，而到了夜晚又面临温度的剧烈下降，从而出现崩裂和破碎，加上强劲的风力对岩石的吹蚀，逐渐形成如今形似古堡的独特地貌。夜晚人们听到的似魔鬼嘶吼般的声音，就是风在吹拂打磨岩石的声音。

明白了“魔鬼城”的由来之后，人们再也没有了惧怕，取而代之的是对大自然力量的感慨与敬畏。现在的“魔鬼城”已经是著名的旅游景点，有空的话，不妨来这里听听“魔鬼的声音”吧！

074 为什么说伊犁河谷是“湿岛”？

地理学上，“湿岛”是指干旱地区中相对湿润的地带。伊犁河谷正好符合这一特点，尽管它位于新疆的干旱地区，却是一个水资源相对丰富的绿洲。

伊犁风光

伊犁河谷之所以成为“湿岛”，与其地理位置和地形特点密切相关。伊犁河谷位于天山山脉的北麓，海拔较低，地形较为开阔。盛行西风将来自大西洋的少量湿润气流带到这里后，受地形影响，湿润气流在山地迎风坡被迫抬升，形成地形雨，使得该地区降水较为丰富。另外，高山冰雪融水和地下水也为伊犁河谷提供了宝贵的水资源。

这片湿润的土地上生长着茂盛的森林、草原，形成了一片绿色的海洋。这里森林覆盖率高，植被种类丰富，也为动物提供了良好的栖息地。在伊犁河谷，人们可以看到多种野生动物和稀有植物，感受大自然的神奇魅力。

075 火焰山在哪里？

火焰山风光

《西游记》第五十九回中提到，唐僧师徒四人一路西行，途经一座热浪滚滚的大山，山上燃着熊熊大火，山下方圆百里寸草不生。后经过打听，他们得知这座山叫火焰山。那么《西游记》里描写的火焰山在现实中存在吗?

现实中还真有火焰山的原型。它位于我国新疆的吐鲁番盆地，古书称之为“赤山石”，维吾尔语称“土孜塔格”，意为“红山”，而对大部分中国人来说，“火焰山”是它更响亮的名字。与新疆大部分高五六千米的大山相比，最高处海拔仅为 800 多米的火焰山矮得可怜。然而，火焰山绝不是靠雄伟高大引人注目的，它吸引千万游客的原因是绝无仅有的炎热体验。夏季，炙热的阳光暴晒着火焰山上绵延 100 千米的红色山岩，远远看去，就像燃烧的火焰，这便是火焰山名称的由来。

为何火焰山如此炎热呢？这是因为它处于吐鲁番盆地北部，地势较低，夏季，热空气聚集在内，温度会升得很高。此外，火焰山周边都是戈壁、沙地，这样的地面升温比草地、水域要快得多。火焰山景区内的金箍棒温度计一不留神就窜上高值，见证这个地方成为我国夏季最炎热的地方。

076 新疆著名的喀纳斯湖是如何形成的?

新疆北部的阿尔泰山脉中隐藏着一个美丽的湖泊——喀纳斯湖。这个迷人的湖泊被称为“人间仙境”，吸引着无数游客前来探寻它的美。那么，喀纳斯湖是如何形成的呢?

喀纳斯湖的形成与冰川活动密切相关。地质历史时期发生过的多次地壳运动使这片土地日益高耸。当地球进入冰期时，大量的冰川覆盖在山脉上；当地球进入间冰期时，气候转暖，冰川开始融化。在冰川消退的过程中，其挟带的大量冰碛物堆积在现今喀纳斯湖的湖口一带，使谷地堵塞，形成了一个天然的盆地。受到高山冰雪融水和大气降水的补给，盆地内部汇集了大量水源，逐渐形成了喀纳斯湖。

喀纳斯湖

喀纳斯湖四周被高山环抱，受到人类活动的影响较小，水质清澈，形成了令人陶醉的景观。在这里，人们可以欣赏到雪山、森林、草原和河流等自然景观的完美组合。在新疆这片神奇的土地上，喀纳斯湖犹如一颗璀璨的明珠，闪耀着迷人的光彩。

喀纳斯湖地区还流传着一个神秘的传说。当地人认为，湖中住着一种叫作“喀纳斯水怪”的神秘生物。这个传说为喀纳斯湖增添了一抹神秘色彩，虽然至今仍没有确凿证据证明“喀纳斯水怪”的存在，但这个传说仍然激发着人们对喀纳斯湖的好奇心，每年吸引众多游客前来游览。

第八章 青藏地区

077 高原气候有何神奇之处？

青藏高原

青藏高原被誉为“世界屋脊”，是地球上最高的高原。在这里，你会发现许多奇特的现象。

首先，青藏高原的昼夜温差很大。你知道吗？这里白天和晚上的温度可能相差 20℃以上！这是因为青藏高原地势高，空气稀薄，日照强烈，白天地表吸收太阳辐射，温度迅速升高；而到了晚上，地表又迅速散失热量，气温骤降。

其次，青藏高原有一种特殊的气候现象叫作“雨影效应”。喜马拉雅山脉位于青藏高原南部。在喜马拉雅山脉南坡，暖湿的南亚季风带来充沛的降水，使得这里植被茂密；而在喜马拉雅山脉北坡，山脉阻挡了来自南部的湿润空气，使得北坡及内陆地区降水稀少，形成了广袤的草原和荒漠。喜马拉雅山脉就像一座高墙把雨水挡在了南边，从而使北边的大地变得干燥。

再次，青藏高原冬季和夏季景观不同。夏季，印度洋暖湿气流带来丰沛的降水，使得高原成为一座水汽“宝库”。冬季，受到寒冷的蒙古—西伯利亚高压的影响，高原变得干燥寒冷。这就好比在夏天，高原是一个相对凉爽的地方，而在冬天，它就变成了一座冰雪覆盖的王国。

最后，青藏高原对周边地区的气候有着显著影响。青藏高原被称为“亚洲气候调节器”，对东亚和南亚地区的气候有着重要的调节作用。

078 青藏高原的野生动物有哪些？

青藏高原不仅地势险要，气候多样，还孕育了许多独特的野生动物。下面就让我们一起来探寻青藏高原的野生动物吧！

首先出场的是一种神奇的动物——藏野驴。藏野驴生活在海拔4000~6000米的高山草甸和荒漠地带。它们个头不大，却非常强壮，能够在恶劣的高原环境中生存。它们长得非常可爱，头顶还有一撮长长的毛发。

藏羚羊被誉为“高原精灵”，它们拥有纤细的四肢，奔跑速度极快，时速可达80千米！简直就是高原上的“飞毛腿”。

藏羚羊

雪豹是高原上的一种猫科动物，它们拥有漂亮的斑纹和强壮的身躯，能够在陡峭的雪山和崖壁上行动自如，是高原上的“雪山之王”。

黑颈鹤是一种生活在高原地区的鹤种，其中青藏高原是其主要繁殖地。它们喜欢在高原湖泊和河流附近觅食。黑颈鹤求偶时的优美舞姿令人陶醉，因此它们被誉为“高原舞者”。

黑颈鹤

野牦牛是青藏高原上的“力量之王”。它们雄壮威猛，非常适应高原的恶劣环境，被誉为“高原之舟”。

青藏高原还有一种特殊的鸟类——藏雪鸡。藏雪鸡是一种非常适应高原环境的鸟类，它们羽毛的颜色与石头的颜色相似，这使它们在高原上非常难以分辨。当它们遇到天敌时，会利用这种保护色迅速融入环境，躲避危险。

除此之外，青藏高原上还常常可以见到高原鼠兔。它们外表可爱，四肢短小，耳朵圆圆的。高原鼠兔擅长挖洞，它们的洞穴可以在地下形成一个庞大的通道系统，能够帮助它们在危险来临时迅速躲避。这些小家伙被誉为高原上的“地下工程师”。

高原鼠兔

青藏高原上的野生动物种类繁多，它们在这片土地上繁衍生息，共同构建了一个和谐的生态家园。我们要尊重和关爱珍稀动物，保护它们的生存环境，让它们在自己的家园快乐生活。

079 青藏地区的传统节日和民俗活动有哪些？

青藏地区的民族文化丰富多彩，有许多独特的传统节日和民俗活动。下面就让我们一起来了解一下吧！

1. 藏历新年：藏历新年是藏族人民最重要的节日。通常在藏历正月初一开始，节期各地不同。节日期间，家家户户会准备丰盛的食物，还会互相拜访、祝福，充满了欢乐和团圆的气氛。

2. 雪顿节：雪顿节亦称“晒佛节”，通常在藏历七月初举行，为期3~5天。雪顿节的一项重要活动是展佛，僧人会把巨大的唐卡佛像展出，吸引成千上万的信众前来参拜。

赛马节

3. 赛马节：赛马节是藏族最盛大的节日之一，通常在每年的 7 月或 8 月举行，旨在庆祝丰收、展示草原生活和进行物资交流等。节日期间人们会举办赛马、唱歌、跳舞等活动，充满竞技的精彩与欢乐。

青藏地区众多的传统节日和民俗活动反映了当地人民丰富多彩的民族文化和对生活的热爱。我们在了解这些节日和活动的同时，应该学会尊重和欣赏不同的民族文化。

080 雅鲁藏布大峡谷在哪里？

你听说过雅鲁藏布大峡谷吗？它位于西藏自治区南部，雅鲁藏布江下游，是世界上最深、最长的峡谷，全长 504.6 千米，最深处与峰顶之间的高差可达 6009 米。雅鲁藏布江是亚洲的一条重要河流，源于喜马拉雅山脉北麓，最终注入印度洋。

雅鲁藏布大峡谷

雅鲁藏布大峡谷是一处独特的地质奇观。在这里，你可以看到河流侵蚀作用、风化作用和大地构造运动等共同创造出的奇特景观。在峡谷的河谷、悬崖、洞穴等地，地质学家还发现了许多珍贵的化石，它们体现了地球上生命演化的千姿百态。

雅鲁藏布大峡谷是探险家的梦想之地。这里的峡谷和丛林为喜爱登山、徒步、漂流等户外运动的人们提供了极具挑战性的场地。

081 拉萨为什么被称为“日光城”？

拉萨，藏语意为“圣地”“佛地”。拉萨不仅是西藏的政治、经济、文化和教育中心，更是无数藏传佛教信徒心中的“圣地”。拉萨也被称为“日光城”，因为这里是世界上阳光最充足、最热烈的地方。

拉萨

拉萨全年多晴朗天气，即使下雨也大多在夜间，其全年日照时间平均在3000小时以上。也就是说，在拉萨，太阳每天要“上班”8个多小时，这可比同纬度的四川盆地多2倍的日照时长呢！太阳在拉萨可以说是兢兢业业的“发光打工人”。此外，拉萨的阳光还显得格外灿烂和明媚。这是因为拉萨海拔3600多米，空气稀薄，水汽和灰尘含量也非常少，所以阳光在穿过大气照射到拉萨的过程中，被吸收、散射的也就特别少，光线就格外强烈。

热情的太阳不仅为拉萨带来光明与温暖，还为这里带来了能源！太阳能不仅是可再生资源，还绿色无污染。目前，拉萨已经建成多座光伏发电站，太阳正在用更多的方式守护这座高原城市。

082 为什么说布达拉宫是西藏的象征？

布达拉宫是西藏自治区拉萨市的著名宫殿建筑，被誉为“西藏的象征”。那为什么说布达拉宫是西藏的象征呢？

布达拉宫

首先，布达拉宫坐落在拉萨市西北角的玛布日山上。远远望去，红白相间的外墙和富丽堂皇的金顶尤为引人注目，整座建筑如同一颗璀璨的明珠，镶嵌在高原之上。

其次，布达拉宫有着丰富的历史和文化内涵，它见证了西藏历史上许多重要的宗教和政治事件。布达拉宫有许多珍贵的文物，如壁画、雕塑、佛像等，展示了藏族文化的独特魅力。

再次，从地理位置来说，布达拉宫位于青藏高原东南部。这里地势相对较低，气候相对温暖湿润，是青藏高原上人类居住的最佳地区之一。

最后，当我们谈论布达拉宫时，谈论的不仅是一座建筑，更是一种信仰、一种民族文化的象征。正因如此，布达拉宫成为西藏的象征。

布达拉宫是西藏历史和文化的集中体现，是世界各地人们了解西藏、认识西藏的重要窗口。让我们一起去感受布达拉宫的魅力，去领略西藏的神奇与美丽吧！

083 “中华水塔”知多少？

三江源

“中华水塔”是指我国的三江源地区，它位于青藏高原中东部，是长江、黄河、澜沧江的源头地区。你对这片神秘的区域了解多少呢？下面一起来长长知识吧！

三江源地区水资源丰富。这里地势高，有大量的冰川和湖泊。这些水资源汇集成河流，分别形成了长江、黄河和澜沧江三条大河的源头。长江总水量的25%、黄河总水量的49%和澜沧江总水量的15%都来自三江源地区。可以把三江源地区看作一个巨大的蓄水池，它滋养了青藏高原的生态系统，并为下游地区提供了宝贵的水资源。

三江源地区在中国河流体系中具有重要地位。长江、黄河和澜沧江是我国的重要河流，分别流经我国的南方、北方和西南地区，为亿万人民提供了生命之水。正因如此，三江源地区被誉为“中华水塔”。

保护好“中华水塔”对于中国乃至世界都具有重要意义。随着全球气候变暖和人类活动的影响，水资源短缺和生态环境恶化问题日益突出。而加强对三江源地区的生态监测和保护，正是缓解这些问题、促进区域可持续发展的重要举措。

084 柴达木盆地为什么被称为"聚宝盆"?

黄河、长江发源在昆仑，
柴达木井架密如林。
油苗遍地似春草，
风吹油味遍地香喷喷。
这样富饶的地方哪里有呵，
我们的柴达木是个聚宝盆。
——节选自《柴达木小唱》

这是由诗人李季创作于 1954 年的诗歌。这首诗歌写出了柴达木的瑰丽雄奇，写出了青海石油的远大前景，受到无数人的喜爱。柴达木盆地不再是古人眼里"八百里瀚海无人烟"的荒凉之地，而是一个充满了理想和希望的"聚宝盆"。那么，柴达木盆地到底埋藏了多少宝藏呢?

"柴达木"是蒙古语，意思是"盐泽"。柴达木盆地有众多盐湖，有丰富的锂、钾、镁等矿产资源。"聚宝盆"里的宝藏不止于此，那里荒芜的地表下还藏着丰富的石油和天然气资源。柴达木盆地还是全国太阳能资源最丰富的地区之

茶卡盐湖

青海油田

一，是世界上最大的荒漠化并网光伏发电基地。

此外，这片总面积约 22 万平方千米的土地上还生活着多种珍稀野生动物，如野牦牛、藏原羚、白唇鹿等。柴达木盆地，看似贫瘠荒芜，却处处蕴藏着宝藏，是当之无愧的“聚宝盆”。

085 青海湖的湖水是咸的吗?

青海湖是我国著名的旅游胜地之一，也是我国最大的内陆咸水湖，其景色优美秀丽，每年吸引着大量游客前来。那青海湖的湖水真的是咸的吗?

青海湖

青海湖的水主要来自高山冰雪融水和大气降水，以及周围河流的注入，湖水微咸，含有少量的盐分。与海水相比，青海湖水的盐度要低得多。青海湖的盐分来源主要是附近山区的地下水渗漏，以及周边地区水系盐分的输入，湖水的盐度受到季节和降水等因素的影响而发生变化。在雨季，流入湖水的淡水增多，湖水盐度下降；而在旱季，湖水蒸发加剧，盐度则会上升。